한눈에 읽는 외식창업 성공이야기 [시리즈 8]

지속성장 블루오션
족발·보쌈 전문점

김병욱 지음

킴스정보전략연구소

김 병 욱 소장

킴스정보전략연구소 소장인 김병욱 박사는 소상공인 창업 지원 연구, 개발, 평가, 심사, 위원으로 활동하고 있으며, 삼성그룹사가 작사와 1등을 뛰어넘는 2등 전략과 창업 틈새 전략 외 150여 권의 저서를 발표한 바 있다.

그 밖에 방송·산업체 강의, 평가 등의 활동과 동시 월스트리트저널에 의해 21세기 아시아 차세대 리더에 선임된 바 있는 정보전략가임과 동시 경영컨설턴트이다.

Contents

Contents

Contents

Contents

I

족발 전문점

1. 족발전문점의 출현과 정착

1) 족발전문점의 발상의 전환으로 블루오션 성공

우리나라에서 야식 하면 절대 빼놓을 수 없는 것이 족발과 보쌈이다. 야식뿐만 아니라 한국을 대표하는 메뉴라고 해도 과언이 아닐 정도로 보편적인 음식이 되었다.

1970년대 먼지가 자욱한 공장에서 열심히 일한 우리 아버지들의 목에 낀 먼지를 깨끗이 닦아준 메뉴가 바로 족발이다. 족발집은 1970년대 중구를 중심으로 한 서울 시내 소규모 공장 밀집 상권에 들어서면서 시작됐다. 하루 종일 먼지를 마신 근로자들은 족발이 당길 수밖에 없었다. 특히 족발과 같이 먹는 겉절이 김치는 식욕을 더 자극했다. 이 시기에 큰 성장을 한 매장을 중심으로 이후 가맹 사업이 시작되었다. 족발 프랜차이즈 매장은 서울 중심가에서부터 외곽으로 번져 나가게 되었다. 초기에는 유통 개념 없이 고기를 삶고, 김치를 담는 노하우 전수방식이었지만, 점차 고기와 김치 양념을 중심으로 프랜차이즈 핵심인 식자재 유통방식을 갖추게 되면서 본격화되었다. 이렇듯 족발은 1980년대에서 1990년대 한식 분야에서 가장 빠른 브랜드 인지도를 갖출 수 있었다. 특히 족발은 초기부터 높은 객단가로 시장에 자리 잡았기 때문에 가맹점들도 상대적으로 큰 상권을 부여받아 괜찮은 수익을 올리며 외식 프랜차이즈 시장에서 하나의 큰 영역을 차지할 수 있었다.

2) 족발전문점의 진화와 발전

족발 시장의 시작은 서울 중구에서 시작되었다. 그 중에서도 가장 유명한 곳은 단연 장충동이다. 1980년대 초반 식당들이 줄 지어 생겨나면서 지금의 족발거리를 형성하게 되었다.

싼 가격에 푸짐한 양을 즐길 수 있는 메뉴가 족발이었기 때문이다. 족발이 치킨보다 야식 메뉴에서 우위를 차지한 것은 운영 수익면에서 연관이 크다.

최근 웰빙에 대한 관심과 더불어 족발은 배달 시장을 중심으로 수요가 다시 폭발적으로 늘어 왔다. 세계 장수촌인 일본 오키나와인들의 장수 비결이 삶은 돼지고기라고 알려지면서 재조명받기 시작했고, 특히 족발은 콜라겐이 많아 피부 미용에 좋고 노화방지 효과가 있어 젊은 여성들 사이에 새롭게 큰 인기를 끌면서 각광을 받기 시작했다. 우리는 이러한 변화에 주목해야 한다. 지금 이 시점에서 족발은 '배달과 젊은 층' 두 가지 키워드에 답이 있다는 사실을 알아야 한다. 최근 족발은 맞벌이 부부, 1인 가구의 증가로 배달 시장은 유례없는 성장을 누리고 있다. 족발 또한 '배달 시장'에서 차별화 전략을 구사한다면 충분히 가능성이 있다. 특히 배달 전문점으로 운영하게 되면서 여러 가지 비용을 아낄 수 있다는 장점도 있다. 차별화 전략의 하나로 최근 양을 줄여 1인 배달 메뉴가 선호되면서 시장 또한 급속히 늘고 있는 점에서 이를 주목할 필요가 있다

3) 족발전문점의 배달 문화 정착과 시장 파이 확대

최근 신조어로 생겨난 것이 '2인 1족발'이다. 족발을 먹고 싶은데 한 마리는 너무 많아서 고민인 싱글족들이 족발을 같이 시킬 사람을 모집한 뒤에 사이좋게 반반씩 나눠 먹는다는 것이다.

앞으로는 스마트폰 주문 채널에 대한 공략도 선택이 아닌 필수가 된 것이다. 그리고 족발을 2인 4인 이상만 고집하지 않는다. 1인가구의 나홀로 싱글족이 늘면서 족발 또한 싱글족을 위한 메뉴의 개발과 배달앱을 통한 배달 서비스가 늘면서 시장도 급성장하고 있다.

2. 족발 전문점의 트렌드와 창업전성시대

1) 족발전문점의 선호 이유와 소비 트렌드

최근 족발전문점은 건강을 지향하는 소비자의 욕구에 발맞춰 족발 전문점 브랜드들이 속속 생겨나 창업시장에 활기를 불어넣고 있다. 반면, 자칫 트렌드라는 홍역에 한바탕 휩쓸리다 사라지고 마는 것은 아닐까 하는 우려를 낳게 하기도 하지만 족발전문점은 대중적으로 친숙한 아이템이면서도 계절을 타거나 트렌드에 부침이 심하지 않아 다행이다. 대중성과 안정성이 확보된 창업 아이템은 소비자의 지속 적인 욕구와 더해져 새로운 시장, 즉 퍼플오션을 만들기 때문이다. 이와 같이 족발전문점이 성업 중인 이유 5가지를 살펴보면 더욱 이 해가 쉽다.

첫째, 건강과 미용, 그리고 힐링의 음식으로 현대인들에게 족발은 기름기를 쏙 뺀 덕분에 성인병예방에 좋고, 김치의 섬유질이 콜레스 테롤이나 유해물질 등을 제거해 선호하는 식품으로 각광받고 있기 때문이다. 족발은 젤라틴 성분으로 인해 피부를 좋게 하고 노화방지, 산모들의 모유 촉진에 좋은 보양식이다. 따라서 웰빙 시대에 걸맞게 굽지 않는 족발 시장은 갈수록 성장하고 있으며 테이크아웃이나 배달도 많은 업종이기에 품질이 더욱 향상되어야 하고 소비자의 기대 치는 더욱 올라갈 수 있기 때문이다.

둘째, 불황이 가져다준 욕구, 불황에 맞춘 매운맛이 주효한 점이 20여 년 전부터 소비자들의 체감 경기는 항상 불경기였다. 어느 해 도 경기가 좋다는 말은 들어보지 못했다. 워낙 매운 맛을 좋아하는 한국인들의 입맛도 입맛이지만, 경기가 어려울 땐 항상 매운 맛을 콘셉트로 한 창업 아이템이 각광받곤 했다. 족발전문점에서 최근 인 기를 모으는 매운 족발 또한 창업 열기를 높이는데 한 몫 하고 있 다. 매운 맛은 고추에 함유된 캡사이신 성분이 뇌신경을 자극하기 때문에 사람들의 스트레스를 해소하는 역할을 한다. 향후 20년 역시 경기불황은 지속될 것이며, 매운 맛은 스테디셀러가 될 것이다.

셋째, 옛것에 대한 향수로 우리가 어릴 때부터 즐겨왔던 음식을 창업 아이템으로 개발한다면 유망한 아이템이 될 가능성이 크다. 시 장 통 한켠에서 천대받던 족발이 프랜차이즈 유망 아이템이 되는데 도 이러한 법칙이 존재해 왔다. 우리가 어릴 때부터 즐겨먹던 친근 한 아이템이 어떻게 옷을 입히느냐에 따라 창업의 승패가 갈린다는 것을 생각해보면 음식은 '발명'이 아닌 '발견'이라는 대목이 가 슴에 와 닿는 대목이다.

넷째, 트렌드의 진화를 읽는 프랜차이즈로 족발은 기존 메뉴 구성과 인테리어 방법을 새롭게 재해석해 메뉴의 다양성과 트렌디한 외식공간으로 업그레이드되고 있는 점이다. 따라서 경영자는 이러한 변화를 읽고 발 빠르게 대처할 때 성공의 열쇠를 쥘 수 있다. 모든 산업의 시장 트렌드는 항상 변화를 겪는다. 외식산업도 고객니즈가 다양해짐에 따라 시장 트렌드를 읽어내기가 점점 어려워지며 수명 또한 길지 못하므로 이를 극복하기 위해서는 누구나 좋아하는 메뉴로 다양한 고객층을 수용할 수 있어야 한다.

다섯째, 남녀노소 경계 없는 다양성의 시대에 족발전문점의 다양한 메뉴개발과 깔끔하고 모던한 점포 분위기는 과거 중년층들이 술안주로만 즐겼던 것을 젊은 층으로 확대시켜 새로운 트렌드로 바람을 일으키고 있는 점이다. 푹 삶아내는 조리법에서 벗어나 톡톡 튀고, 젊은 층이 원하는 만족할 만한 다채로운 레시피들이 속속 개발되고 있는 것도 한 몫 했다. 이러한 변화는 20~30대 젊은 여성들이 혐오했던 식품을 오히려 각광받게 만든 반전에 있다. 이와 같이 맛, 분위기, 고객층의 다변화 트렌드에 맞추어 경기 불황과 함께 예비창업자들에게 가장 고민은 창업 아이템이다. 소비 트렌드는 점점 빨라지며, 다양한 채널을 통해 새로움을 추구하고자 하는 고객의 욕구는 날로 강화되고 있기 때문이다.

2) 족발전문점의 프랜차이즈 브랜드 열기

현재 족발 창업시장의 경쟁은 더욱 심화되고 족발만의 가치를 찾아야함을 강조한다. 이는 갈수록 족발 시장이 세분화되면서 운영방식에 따른 다양한 시장이 생겨남에 따라 경쟁에서 이길 수 있는 경쟁우위 요소를 만들어 내야함을 강조한 것이다. 그만큼 기존 점포를 운영하는 경영자나 창업을 준비하는 예비창업자나 업종전환자들에게 창업은 갈수록 어려워지고 있다는 얘기다. 족발전문점은 건강식, 가족외식 아이템으로 꾸준한 인기를 모으는 가운데, 일반 음식점이나 주점 등에서도 족발을 다루고 있는 업소들이 많다. 하지만, 소비자들은 전문점에서 보다 맛있고 특별한 맛을 즐기기를 지원한다. 이에 전통과 프리미엄을 내세우는 전문점과 차세대를 겨냥한 새로운 콘셉트의 족발전문점 시장이 양분화 된 시장에서 각자의 틈새전략으로 선점을 꾀하고 있다.

〈미스터 쫀득이〉의 경우 과거 족발시장은 전통이라는 명목 하에 오랫동안 변화가 없었던 한계를 현대화 시킨 대표적인사례이다. 다른 말로 타 메뉴에 비해 족발은 현대화나 개발이 가장 덜 됐고 낙후됐던 메뉴였다. 점포가 어디에 있는지도 모르는 배달 야식으로, 혹은 비위생적인 환경과 관리로 소비자들에게 질타와 외면을 받았던 때도 있었다. 일반 전문점이 아닌 외식업소에서도 족발을 흔하게 판매해 그만큼 경쟁이 심한 대표적인 레드오션 업종이었다. 그럼에도 불구하고 다시 시장이 활성화 될 수 있었던 원인은 족발이 쉽게 맛을 내거나 카피할 수 없는 아이템이기에 튼튼한 진입장벽이 존재하는 업종이므로 족발 시장의 성장의 기회가 찾아온 셈이다. 그로인해 '미스터 쫀득이' 는 현대인들의 니즈를 충족시키기 위해 족발의 다양한 메뉴 개발과 좀 더 위생적인 환경과 철저한 관리를 통해 새로운 아이디어를 접목, 발전시켜나간다면 뒷골목 야식의 술안주가 아닌 당당히 대한민국 대표 외식 메뉴로 자리 잡을 수 있을 것이라고 강조하여 이 시장에 뛰어든 이래가장 성공한 브랜드로 평가받고 있다.

또한 〈토시래〉 브랜드의 경우에도 성공적인 창업을 이끌어내기 위해 철저한 분석, 과감한 선택, 꾸준한 노력이라는 삼박자를 매우 중요하게 생각하고 개인 창업 보다는 프랜차이즈 창업을 권유하는 이유 중 하나가 바로 이런 점들을 본사에서 지속적으로 관리해주기 때문임을 강조한다. 즉 족발의 새로운 변신에 따라 소비자 선호도가 높아지고 있고 이로 인해 족발전문점이 늘어나고 있는 것이다. 이 같은 변신은 족발은 남녀노소 전 연령층에서 즐겨 먹는 외식 먹거리이기 때문에 이에 맞추어 보편적이며 친화적인 음식으로 론칭한 것이다. 그동안 이 아이템은 일반 독립형 창업의 형태와 소수의 유명 프랜차이즈 업체들이 사업을 하는 아이템이었다. 그런데 갑자기 프랜차이즈 형태로 늘어나게 된 이유를 크게 네 가지로 대별된다. 첫째, 프랜차이즈 산업이 발전하면서 지역 상권에서 인기를 얻고 있는 독립형 자영업자들의 프랜차이즈 사업으로의 관심도가 높아졌기 때문이다. 둘째, 유통기술과 유통업이 발달하면서 프랜차이즈의 핵심인 물류공급이 원활해졌고 셋째, 프랜차이즈로 창업할 수 있는 외식업 아이템의 부족현상도 한 몫 했다. 넷째, 세련된 인테리어로 20~30대의 젊은 층을 매장내로 끌어들였다는 점이다.

3) 족발전문점의 과거시장과 현재시장의 차이

족발전문점은 2010년 이후 SNS의 활발한 보급과 대중화되면서 이후 메뉴와 운영, 인테리어, 고객층 모두가 젊어졌다. 이로 인해 젊은 층의 입소문과 SNS를 통한 바이럴마케팅이 큰 효과를 거두면서 크게 확장되었다. 메뉴 면에서는 신생 프랜차이즈 족발 전문점을 방문한 이들이 그동안 먹어왔던 장충동식 족발 외에 젊은 층의 입맛에 맞는 새로운 메뉴를 찾게 되면서 이에 맞는 신 메뉴를 개발한 것이 주효했던 것이다. 이는 세련된 인테리어 콘셉트와 프랜차이즈의 잘 갖춰진 시스템 및 운영매뉴얼이 젊은 고객들을 흡수했음은 물론 또한 메뉴의 다양성과 퓨전화 된 제품군에 의해서도 한몫했다. 1세대 족발 아이템인 장충동 족발에서 경기 침체로 인한 고객층의 매운 음식 선호로 족발의 2세대인 셈이다. 불족발 이라는 매운 족발이 탄생해 족발시장의 새로운 붐이 일으킨 것이다.

여러 가지 불족발 소스와 다양하게 싸먹는 사이드메뉴 & 토핑도 고객층을 끌어들이는 데 주효했다. 1세대 족발 고객층도 남자위주의 고객에서 벗어나 여성도 즐겨 찾는 족발전문점의 탄생 배경 또한 큰 차이를 갖는다. 즉 메뉴 개발에 발 맞춰 족발 프랜차이즈 전문점에서 세련된 이미지의 인테리어 구성과 가족중심의 고객, 여성이 찾을 수 있는 매장 등의 진화가 이뤄진 점이다. 전통방식에서 즐기는 것에서 벗어나 족발을 싸먹는 방법, 굽는 방법, 자극적인 맛, 비주얼적인 부분 등 고객의 욕구를 충족시키고자 여러 방면으로 메뉴, 소스 개발이 이뤄지고 있기 때문이다. 현재 트렌드에 맞는 핫족, 마늘 보쌈 등이 좋은 예이다. 그렇다면 향후 족발 전문점 창업 전망을 진단해 볼 때 족발전문점은 유망한 아이템이다. 오랫동안 한식의 한 분야로 자리 잡고 있는 대중 외식아이템으로 좋은 입지가 아니더라도 맛 하나만 가지고도 고객의 줄을 세울 수 있는 가능성이 높은 아이템이다. 중요한 것은 세상에 없던 아이템이 갑자기 나타나 고객의 관심을 받고 있는 것이 아니라 기존 아이템에서 고객의 기대와 눈높

이에 맞는 변신을 통해 보완되어져야 한다는 것이다. '음식은 발명이 아니라 발견 '이기 때문이다.

3. 프리미엄으로 승부하는 족발 전문점

1) 젊음의 메카 홍대, 족발의 메카로 새로 자리 매김

최근 젊은이의 메카홍대가 족발의 새로운 메카로 자리매김해서 식도락가들의 사랑을 받고 있다.

재미있는 것은 젊음의 메카로 손꼽히는 홍대에 족발집들이 하나 둘 들어서기 시작한다는 것이다. 이들은 장충동 전통 족발 집들과는 달리 깔끔하고 카페 같은 분위기의 모던한 인테리어와 젊은이들이 좋아할 만한 서비스 메뉴와 사이드 메뉴 등으로 치열한 고객몰이 중이다. 〈홍대 칼국수와 족발〉을 필두로 맞은편에 개그맨 박명수의 처남이 운영해 이슈를 불러왔던 〈족발의 명수〉, 대전에서 상경한 프랜차이즈 브랜드 〈소담애〉, 〈원할머니보쌈〉에서 야심차게 준비한 〈족발의 중심〉등이 몰려 있어 향후 이 골목이 차세대 족발골목의 중심으로 성장한 것이다. 2호선 홍대입구역 주변에도 〈돈코보쌈〉, 〈홍익

족발〉, 〈미쓰족발〉, 〈삼족오〉등이 자리해 눈길을 끈다. 이 외에도 서울 3대 족발로 세간의 화제를 불러온 양재동의 〈영동족발〉, 시청의 〈오향족발〉, 상수역의 〈상수족발〉등도 유명세를 이어 가고 있다.

2) 프리미엄으로 승부하는 족발의 품격

〈놀부보쌈〉, 〈장충동왕족발〉, 〈원할머니보쌈〉 등은 국내 족발과 보쌈시장의 트로이카라고 할 수 있다. 이들이 20~30년 동안 단일 브랜드로 올곧이 보쌈과 족발의 길을 걸어올 수 있었던 것은 자사 브랜드만의 확고한 차별화가 있었기에 가능한 일이었다. 〈놀부보쌈〉의 경우 로컬 브랜드와 경쟁할 수 있는 공급의 안정성, 돼지고기와 배추 등의 원재료 수급의 안정성, 지속적 비즈니스를 위한 본사 인프라, 적절한 투자비 계산과 상권에 대한 전문가 분석 등 각 분야의 내공과 신뢰가 쌓여 지금에 이르고 있다. 〈원할머니보쌈〉은 예비창업자들에게 "족발과 보쌈은 시장 진입이 어려운 만큼 맛과 브랜드에 대한 우위를 점한 브랜드를 먼저 살펴봐야 할 것을 강조한다. 개인 창업 시 리스크에 대한 요소를 최소화 한다면 개인 창업도 성공이 가능하다. 창업 시 홀 위주로 매출을 발생시킬지, 배달 매출 비율을 높일지에 따라 점포 선택에 유의해야 한다. 최근 '마늘' 이라는 차별화로 시장 안착에 성공한 〈돈통마늘보쌈〉은 보쌈과 족발전문점은 보통 구이집 보다는 추가 불판 교체와 배기시설 보수 등의 관리비가 적게 들고 고객들의 쾌적한 환경에서 육류를 즐길 수 있다는 장점을 선호하고 있다. 또 보쌈과 족발은 배달업계의 꽃이라 할 만큼 배달수요가 많아 소자본 창업자들에게도 매력 있는 아이템이 되었다. 〈돈통마늘보쌈〉도 가맹점 수익 중에서 배달이 차지하는 비중이 70%에 가까울 정도로 배달 주문이 인기다. 때문에 업종 특성상 창업 전에 배달운영도 염두에 두고 준비하는 것이 좋다. 보쌈과 족발은 핏물 제거 에서부터 삶아내는 데까지 많은 시간과 정성을 들여야 한다. 물론 본사에서 원재료 및 소스, 그리고 레시피까지 모든 것을 제공하지만, 매장에서 직접 삶고, 직원들을 관리하고, 고객의 접객 서비스까지 창업자의 몫이 크다. 따라서 부지런함과 음식에 대한 자부심이 강한 예비창업자가 하기에 적합한 아이템임을 명심해야 한다.

3) 족발, 가족 단위 외식아이템으로 정착

족발 아이템은 한국인들의 돼지고기 인기소비와 함께 가족단위 외식아이템으로 인기다. 창업과 프랜차이즈 시장이 커지면서 브랜드별,

아이템별 경쟁구도가 심화되고 있고, 적극적인 메뉴 개발과 차별화 콘셉트를 만들어내면서 고객들에게 새롭고 다양한 만족감을 가져다 주고 있다. 족발은 특히 장충동 왕족발과 재래시장 전통족발에서 벗어나 새롭게 재해석돼, 차별화, 현대화에 성공했다는 평가를 받고 있다. 점포 운영에 있어서 애로사항인 식재료 절감 및 관리용이, 인건비 최소화, 시설투자, 최소화 리모델링 적합, 객단가 테이블 단가 우수, 수익률 우수함에 대한 거의 모든 항목에 족발전문점이 포함된다. 때문에 창업자들이 족발전문점에 과감하게 투자하고 있으며, 다양한 매장 운영형태를 보이고 있다. 이는 곧 수익률로 연결돼 프랜차이즈 가맹사업 증가와 족발전문점 증가로 나타나고 있다. 따라서 점주 자신이 스스로 즐겨하면서 맛에 대한 장단점과 차이점을 계속 보완해 나가면 타 업종보다 우위에 유리한 점은 부인할 수 없을 것이다

4. 족발전문점의 프랜차이즈와 시장경쟁력 현황

1) 족발전문점의 변신과 새로운 아이템의 등장

족발이 젊어졌다고 하면 어울리는 말일까? 메뉴와 운영, 인테리어,

고객층 모두가 젊어졌다는 점에서 젊은 층의 입소문과 SNS를 통한 바이럴 마케팅이 큰 효과를 거두고 있다. 일단 메뉴 면에서 보면, 최근 신생 프랜차이즈 족발전문점을 방문한 고객들은 알겠지만 그동안 먹어왔던 장충동식 족발 외에 젊은 층의 입맛에 맞는 새로운 메뉴를 개발한 것이 주효했다. 또 세련된 인테리어 콘셉트와 프랜차이즈에 맞게 잘 갖춰진 시스템 및 운영 메뉴얼이 젊은 고객들을 흡수하는데 성공한 것이다. 족발이 어떠한 발견을 했는지 기대해 봐도 좋을 것 같다. 최근 소비자에게 사랑을 받는 족발 트렌드는 쫀득하고 부드러운 맛이다. 서울 3대 족발 맛집으로 인정받는 곳들도 이러한 공통점을 갖고 있다. 족발을 어떻게 더 야들야들하게 만들어내느냐가 성패의 관건이다. 다른 외식 아이템에 비해 계절의 영향을 덜 받는 족발전문점의 속성을 살펴보면 이해가 된다.

족발은 중국에서 유래했다. 돼지고기로 요리를 하는 음식이 워낙 다양하지만 족발은 국수와 함께 오래 사는 장수음식으로서 가족의 생일 밥상에 늘 올라왔다. 우리나라는 중국과 지리적으로 가까운 북쪽지방에서 즐겨 먹던 음식인데 한국전쟁이 터지고 남으로 오게 된 평양출신의 두 할머니가 족발을 만들어 팔았고 워낙 맛이 좋아 금방 소문이 났다. 이후 장충동 일대에는 족발 골목이 형성됐고 레슬링이나 권투 등과 같은 스포츠 경기와 행사가 많이 열렸던 장충체육관이 인근에 있어 경기를 많이 했기 때문에 장충동 일대의 족발전문점들은 손님들의 발길로 늘 인산인해를 이뤘다.

소셜 분석을 통해 본 고객들의 반응과 평가를 볼 때 족발은 '맛있다' '좋다' '먹고 싶다' 등의 긍정적인 연관어가 주를 이루고 함께 궁합이 맞는 보쌈의 관련어도 거의 모두 긍정적인 반응이어서 우리 국민들에게 족발은 매우 좋아하는 음식으로 평가 받고 있는 음식 중의 하나이다.

2) 족발전문점의 사업 다양화

소형평수 창업 아이템과 배달 족발 중심의 새로운 창업 모델로 예비창업자들이 가장 어려워하는 것 중 하나는 적정투자비와 그에 따른 점포 규모를 결정하는 일이다. 이에 대부분의 창업전문가들은 소위 말하는 생계형 창업시장에서는 점포임대를 비롯한 전체 투자금을 1억 미만으로 하는 것을 조언한다. 이는 초기에 과도한 투자비에 대한 위험을 경고한 것이다. 실제로 사업 초기의 불안감에 어느 정도 권리금이 있는 가시성 있는 점포나 내점 매출을 위한 넓은 평수를 고려하다 보면 자칫 준비된 투자비를 초과하는 경우를 주변에서 많이 볼 수 있다. 또한 초기 투자비를 마련했다 해도 과도한 월 임대료로 인해 실제적으로 예상한 수익을 가져가지 못하는 경우가 비일비재하다.

일 매출은 예상한 만큼 나오는 경우가 많은데 월세, 추가 인건비를 고려하면 남는 게 없는 것이 현실이다. 즉, 투자 대비 고수익을 얻지는 못하고 있는 경우가 많다. 실제로 홀이 다 차는 것은 하루 한 두 시간밖에 안 되고 그 한 두 시간 때문에 2층까지 임대하는 경우도 있다.

이러한 환경으로 인해 내점과 배달, 포장이 가능한 소형점포들이 새로운 대안으로 떠오르고 있다. 최근 각광을 받고 있는 대표적인 신생브랜드로 '구워 나르다! 불불이'를 들 수 있다. 이는 물리적인 점포의 위치와 면적을 극복할 수 있는 것은 내점 매출 이외에 배달과 포장을 활성화하는 것밖에 없는 것은 모두가 다 아는 사실이기 때문이다. 그렇기에 모두 족발 창업에 열광하는 것 같다. 하지만 족발 시장은 너무 포화되어있어 그렇게 성공하기가 쉽지만은 않다. 이럴 땐 업종전환아이템을 찾는 것도 한 가지 방법이라고 할 수 있다.

과거 족발전문점하면 조리가 어렵고, 전수방식을 고집하여 예비창업자들의 접근이 쉽지 않은 아이템이었지만, 최근 족발 전문브랜드는 그 수가 많이 생겨나면서 그에 따른 표준화 작업이 잘 되어 있어

가맹점포가 증가하고 있는 것이다. 하지만 족발 전문브랜드는 대부분 50~100평의 내점 위주로 투자비가 3억 내외가 소요되는 경우가 많아 생계형 창업자의 접근이 아직도 많이 제한되고 있는 것이 사실이다. 이러한 투자규모를 줄이기 위해 틈새 전략으로 소규모 투자로 브랜드를 운영하는 브랜드들이 많이 생겨나고 있는데 그 대표적 브랜드로 '불불이'는 10평 미만의 점포에서 배달과 포장 위주의 모델을 만들어 창업자들의 투자비 부담을 덜어주어 창업주들의 좋은 반응을 얻고 있다. 최근 대치동에 오픈된 불불이 대치점은 25 제곱미터의 작은 매장에서 족발은 물론, 보쌈, 닭발까지 배달과 포장으로 매출 올리기에 성공하고 있는 점에서 볼 때 그 가능성은 충분히 검증 됐다고 할 수 있다.

3) 족발전문점의 창업 대중화로 새로운 길을 열다

족발은 무엇보다도 상품으로서의 맛과 품질이 생명인데 그 핵심 경영 요소는 다음과 같다.

첫째, 상품의 질로 일단 국내산 돼지 족을 사용해야 제 맛이 나며 이때 돼지 등급도 최대한 높은 등급을 사용해야 제 맛을 낼 수 있다.

둘째, 메뉴의 다양성으로 소비자층을 좀 더 다양하게 가져가기 위해선 족발만 고집하지 말고 다양한 연령대에 맞게 메뉴의 층도 넓히는 것이 중요하다. 상권에 맞는 소비 패턴에 따른 족발, 보쌈의 메뉴와 소스가 세팅돼야 각 연령대에 따라 다른 기호를 맞출 수 있다.

셋째, 상권에 따른 고객 선호 차별화로 가족중심이나 외식이나 술접대 및 안주로써의 창업이냐에 따른 전문적인 상권 분석 컨설팅이 우선되어야한다. 족발은 남녀노소 누구나 즐길 수 있는 메뉴다. 과거 전통시장과 중년의 허름한 매장에서 먹을 수 있는 메뉴가 아닌 누구나 즐길 수 있는 세련된 메뉴가 됐다.

앞으로도 지속적인 메뉴 개발과 홍보 등이 부각된다면 꾸준한 성장세를 이어갈 것이다. 오랫동안 이어져 내려온 먹거리의 소중함을 지키면서 그 고유의 맛을 살려 '퓨전'이라는 이름 아래 고객 욕구에 충족할 만한 음식으로 진화되면서 이젠 가정에서 치킨다음으로 가족모두 가장 많이 배달시켜 먹는 주류상품이 된 것이다.

5. 족발전문점의 운영과 성공전략

1) 쫄깃한 식감과 어울리는 사이드 메뉴가 관건

족발과 보쌈을 함께 다루고 있는 음식점들이 많아 포털 사이트 지도 검색을 통해 두 품목을 동시에 검색하면 족발과 보쌈 음식점으로 검색되는 프랜차이즈를 포함한 음식점의 숫자가 2만 건이 검색된다. 즉 족발전문점은 18,613개이고 등록 프랜차이즈 브랜드는 53개 이다.

그리고 족발보쌈 전문점은 5,059개이고 프랜차이즈 브랜드는 9개이다. 보쌈 전문점은 18,281개이고 프랜차이즈 브랜드는 32점이다. 특히 외식 프랜차이즈 중 족발 프랜차이즈를 검색한 수가 가장 많다. 수익률은 상권이나 배달의 여부에 따라 다르지만 20% 내외다. 누구나 좋아하고 계절과 크게 상관없이 판매되는 음식의 특성 때문에 차별화된 강점만 있다면 비교적 안정적인 사업을 운영할 수 있는 것이 족발·보쌈 프랜차이즈이다.

2) 건강족발, 인기비결 '젤리같은족발' 어린이 입맛 선점

어른들의 술안주 거리로만 치부돼 온 족발이 최근 들어 아이들의 인기간식 메뉴로도 떠오르고 있다. TV 예능 프로그램 '오마이베이비' 등에서 출연 아동들이 족발을 맛있게 먹는 모습이 자주 방영되면서 족발이 새로운 어린이·청소년 외식 메뉴로 변화하고 있는 것이다.

어린이 먹방의 효과도 무시하지 못한다. 만족오향족발의 경우 '슈퍼맨이 돌아왔다' 방영 이후 어린이 손님들이 눈에 띄게 증가했음을 확인할 수 있듯이 특히 주말은 나들이 나온 어린이 단위 가족 고객들의 발길이 끊이지 않고 있다. 특히 만족오향족발의 경우 부들부들한 온족을 판매하기 때문에 어린 아이들도 씹고 넘기기 편해 좋아한다. 족발뿐만 아니라 떡만두국도 함께 나오기 때문에 탄수화물과 단백질이 어우러진 영양만점 한 끼 식사로 손색이 없을 정도로 한번 맛본 어린이들이 꼭 다시 찾는 등 어린이들에게 족발이 인기를 끌고 있는 것을 실감할 수 있다.

3) 주목받는 요식업 아이템 족발, 그 인기비결은?

2016년 현대경제연구원의 조사에 따르면 경기 불황에 따라 창업 환경이 나쁜 편이라 답한 비율은 85.7%에 육박하는 가운데 창업에 대한 관심은 39.4%를 기록했다. 이는 경기불황이 계속되고 있지만 창업에 대한 관심은 오히려 높아진 것으로 빠른 퇴직나이에 따라 나이가 들어도 계속 일할 수 있는 소자본 창업을 선택하기 때문이다. 창업을 고려하는 나이는 50대 이상이 가장 많은 비율을 차지할 정도로 이 연령대의 절박한 현실을 보여주고 있다. 선택 업종별 분야에서도 요식업을 택하고 특히 음식점 창업 중 계절의 영향을 많이 타지 않고 야식배달음식의 강자로 손꼽히는 족발 창업이 주목 받는 이유이다. 족발은 돼지 족을 사용하여 쫄깃하고 부드러운 식감으로 오랜 시간 사랑받는 메뉴이기 때문이다. 또한 족발 껍질은 콜라겐으로 구성되어 다이어트는 물론 피부미용에도 좋은 것으로 알려져 여성들의 야식메뉴로도 많이 찾는 음식이다.

이와 같이 족발은 계절의 영향을 다른 음식에 비해 많이 받지 않아 최근 창업 아이템으로 각광 받고 있다. 또한 건강식품으로 떠오르며 여름철 보양식으로 많은 수요를 보이고 있다. 특히 족발의 경우 장기화된 경기 침체로 소비성향이 위축되고 있는 환경에서 족발과 보쌈은 간편한 야식음식으로 배달요청이 많은 식품임을 입증해주고 있다. 즉 각박한 현실 속에서 맛있는 음식으로 스트레스를 해소하는 사람들이 많은데, 족발의 경우 체중 증가 폭이 적어 수요가 많은 품목 중의 하나다.

4) 늘어가는 족발전문점의 프랜차이즈 성공전략

일반적으로 봄은 창업의 성수기로 불린다. 예비 창업자들을 대상으로 무상지원 등 지원 프로그램을 발 빠르게 선보이고 있는 것이다.

문제는 이렇게 과열된 시장 안에서 제대로 된 브랜드를 결정하기가 쉽지 않다는데 있다. 과장 및 허위 광고에 객관적인 태도를 유지해야하는 한편, 제대로 된 아이템을 선택하는 것이 가장 필요하기 때문이다. 시간이 흐를수록 대중의 입맛이 변한다고 하지만 그럼에도 불구하고 꾸준히 찾는 먹거리가 있다. 해당 음식은 시간이나 시대에 관계없이 한국 사람들이 가장 좋아하는 음식 중 하나로서 그만큼 성공 가능성은 높다.

단 일반 메뉴뿐만 아니라 다양한 소스 개발 및 메뉴 연구를 통해 색다른 메뉴를 개발해 독자적 경쟁력을 갖추는 것이 전제되어야 한다.

6. 족발전문점의 창업 트렌드와 경쟁력

1) 출출한 속을 채우는 야식의 제왕, 족발

족발은 젤라틴이 풍부해 피부미용과 노화방지, 다이어트에도 효과적이라 남녀노소 모두가 좋아하는 야식메뉴이다. 하지만 어떤 조리방법을 거치는지에 따라 그 맛과 향이 다르며, 돼지고기 특유의 비린내의 제거 유무가 제품맛과 품질을 결정하게 된다. 따라서 대중적인 외식 아이템이면서 보다 전문적인 기술이 필요한 것이 바로 족발전문점으로 대형 고급 인테리어로 시작하는 3억 이상의 50평대 이상 투자규모와 배달, 포장 위주의 1억 미만으로 이원화되어 프랜차이즈 가맹점을 모집하는 점에서 지역 상권과 지역 중점 이용 고객에 맞는 차별적 가격과 메뉴의 선정이 중요한 결정 포인트이다.

2) 족발전문점의 창업 매력 포인트

우리나라 3대 배달 아이템은 족발, 치킨, 피자이다. 이중 족발은 대중적인 먹거리로 오랫동안 사랑받아 온 아이템이다. 1980년대 족발 프랜차이즈가 등장하면서 족발 창업은 외식 창업시장에서 대중화가 됐다. 여기에 계절의 영향을 받지 않는다는 점에서 족발 체인점에 대한 문의도 꾸준히 발전해왔다. 원래 족발은 실향민들이 먹기 시작한 음식으로 알려져 있다. 중국에서는 무병장수를 기원하는 요리로 궁중에서 즐겨 먹었다. 큰 체구를 지탱해주는 만큼 돼지의 다리에 힘과 기운이 집약되어 있다고 생각해서였다.

족발은 산모의 모유분비를 촉진하는 역할도 하는 것으로 알려져 있다. 족발이 인기를 얻으면서 전국에 족발전문점은 급증하는 추세다. 2016년 한해 포털사이트 지도에 노출된 족발 집만 2만 여개가 넘는다. 서민적인 음식으로 수요층이 폭넓은데다 불경기에 강하다는 특징 때문이다. 밑반찬이 많지 않아 운영이 편리하다는 점도 족발전문점의 매력이다.

족발의 경우 이와 같은 장점을 바탕으로 소비자와 창업자의 만족도를 동시에 높이고 있다. 본사의 지속적인 사후 관리를 통해 가맹점 운영과 다양한 메뉴 개발이 이뤄져 운영이 편리해졌기 때문이다.

족발의 인기와 더불어 세련된 분위기, 개성 있는 메뉴, 안정적인 운영 노하우를 갖춘 족발 프랜차이즈도 늘어나고 있다. 외식 산업이 발달하고 '먹방'이 인기를 얻고는 있지만 오랜 전통을 한결같이 지켜온 곳을 찾아야 성공에 다가갈 수 있는 것이다. 족발 창업의 적정 입지는 먹자골목과 번화가의 이면도로, 주택가, 사무실 밀집지역 등 다양하다. 매장형의 경우에는 가시성이 뛰어난 곳이 적합하다. 인테리어는 세련되고 깔끔한 것이 좋다. 주부를 비롯한 여성 고객과 젊은 층이 크게 증가해서다. 족발 프랜차이즈 창업을 선택할 경우 맛의 유지와 가맹본사의 메뉴 개발, 물류 유통 등을 살펴보고, 특히 소비자 입장에서의 가격 경쟁력과 가맹점의 수익률을 따져보는 것도 필수다.

3) 족발전문점의 창업 트렌드

한국 프랜차이즈협회와 한국트렌드연구소가 공동 발표한 외식 트렌드 이슈를 통해 외식 시장에서 주목할 만한 '키워드'를 보면 첫 번째 이슈는 '레트로 마케팅'이다. '무한도전-토토가', '응답하라 1988' 등 TV 프로그램에서 시작된 복고 트렌드는 이제 외식업계로 옮아가고 있는 추세다. 옛 추억을 되살릴 수 있는 메뉴와 분위기를 갖춘 곳이 창업 시장에서 강세를 보이고 있는 것이다.

두 번째 이슈는 '싱글이코노미'다. 우리나라 1인 가구 인구는 4백만명을 넘어서며 외식 시장이 주목해야 할 유력한 소비 주체로 떠오르고 있다. 이들에게 '혼밥(혼자 밥 먹기)'과 '혼술(혼자 술 먹기)'이 일상인만큼 배달 음식과 1인 단위 포장 음식이 여전히 강세를 보이고 있다.

세 번째 이슈는 '신 실용주의 소비' 다. 불황이 장기화 되면서 사람들의 지갑은 부쩍 얇아진 반면 다양한 매체를 통해 고급스러운 문화를 접하고 경험하면서 안목은 상당히 높아졌다. 이에 맛도 좋고, 푸짐하고, 가격도 착해야 한다는 세 가지 조건으로 충족시키는 것이 외식 업계에서 성패를 결정할 일대 과제가 된 것이다. 이 가운데 싱글이코노미와 신 실용주의 소비가 외식 시장의 트렌드다.

7. '우후죽순' 거품 빠지고 알짜 브랜드 여전히 선전

1) 배달족발 vs 장충동족발

현재 젊은 층에게 장충동은 족발의 메카로만 통하진 않는다. 족발은 그저 야식으로 좋은 음식이라는 인식이 강하다. 현재 서울의 대표적 '서울 3대 족발' 로 유명한 양재동〈영동족발〉과 시청〈만족오향족발〉, 성수동〈성수족발〉의 경우 각각 30년 이상 된 오래된 점포들로 대부분 입에 넣으면 솜사탕처럼 녹는 부들부들한 식감의 족발을 자랑 한다. 맛이나 식감 등에서 전체적으로 투박한 느낌이 나는 장충동 계열 족발과는 또 다른 느낌이다. 그렇게 서울 지역의 족발 시장은 제법 긴 시간 장충동 버전과 배달 버전, 번외로 3대 족발의 형태로 나뉘어 있는 형국이다.

2) FC시장, 족발 아이템 급격한 '활황'

족발이 2011년 말부터 예비 창업자들의 관심을 끌기 시작하더니 2012년 말부터 날개를 달기 시작했다. 젊은 창업자가 오래된 전통 족발집의 육수를 2000만원 가량에 구입했다는 한 보도가 화두로 떠오르면서 '며느리도 모르는' 대박 족발집의 육수 정체에 대한 호기심이 일파만파하면서 당시 족발집 창업의 키워드가 이슈로 떠올랐다. 특히 프랜차이즈의 신생 브랜드들이 내놓는 족발에 주목했다.

3) 저렴한 원가, 유동성 탁월한 아이템이 관건

족발이 뜨는 것은 아이템이 지닌 강점이 크기 때문이다.

경영 측면에서 볼 때 족발은 경쟁력이 있는 아이템이다. 우선 원가가 저렴하고 같은 돼지고기시장의 테두리에서 봤을 때 삼겹살전문점 창업보다는 훨씬 저렴한 비용의 창업이 가능하다.

족발은 터줏대감격인 이경순 할머니가 한국전쟁 때 피난을 와서 고향에서 먹던 것과 중국의 오향장육을 응용해 개발한 것이 시초로 알려져 있다. '평안도 족발'이라는 상호를 보고 찾아온 실향민과 근처 장충체육관 관람객, 남산 국립극장의 유동인구가 몰리면서 유명해져 족발거리가 형성되었다.

최근에는 다소 낙후되어 있던 족발 전문점들이 화려한 변신으로 창업시장에 새로운 바람을 불러일으키고 있다. 매운 족발을 필두로 냉채족발, 월남쌈 족발, 해물족발 등 메뉴의 융합이 이뤄지고 있으며, 모던하고 세련된 인테리어로 여성고객은 물론 가족 외식공간으로도 각광받고 있다. 하지만 여전히 족발 전문점의 성패는 결국 '맛'으로 결정된다. 이처럼 높은 대중성을 기반으로 꾸준한 성장세를 보이던 족발 아이템이 최근 무한변신을 꾀하고 있다. 대표적인 것이 메뉴의 퓨전화에 대한 소비자 니즈 증가다.

최근 소비자들은 족발을 먹을 때 단순하게 '족발을 먹자'가 아니라 '매운 족발, 냉채족발을 먹으러가자'거나 '족발은 앞다리가 역시 맛있다' 등등 메뉴에 대해 명확히 인지하고 니즈가 분명한 것이 특징이며 브랜드들 역시 이에 맞춰 차별화된 족발메뉴를 개발하기 위해 노력하고 있다.

이에 따라 채소와 과일을 넣어 라이스페이퍼에 싸먹는 월남쌈 족발, 떡볶이 족발, 샐러드 족발 등 젊은 층을 공략한 다양하고 개성 넘치는 메뉴를 개발·제공하는 업체들이 늘어나면서 고객 선택의 폭이 넓어지고 있다.

메뉴의 다변화와 걸맞게 인테리어 역시 보다 젊어지고 있는 것이 특징이다. 최근 론칭하고 있는 대부분의 족발 브랜드들은 '카페형' 인테리어를 추구, 모던하면서도 세련된 매장 인테리어로 젊은 층은 물론 가족단위의 외식공간으로 거듭나고 있다.

이 같은 족발의 무한변신은 소비자뿐만 아니라 트렌디 하면서도 대중성 있는 아이템을 찾는 예비창업자들에게도 높은 관심을 얻고 있다.

최근 이목을 끌고 있는 트렌디한 족발 브랜드는 크게 두 가지 운영방식으로 나뉜다. 바로 생족 매장에서 직접 삶는 방식과 본사를 통해 완제품을 납품 받는 방식이다.

매장에서 직접 삶는 경우 기본적으로 어느 정도의 주방 공간이 확보돼야 하며, 족발을 삶는 육수 관리도 뒷받침 돼야 한다. 육수 역시 본사에서 완제품 형태로 공급받느냐, 혹은 레시피를 제공받느냐로 나뉜다.

직접 매장에서 삶는 경우 갓 삶은 족발을 고객에게 제공하는 만큼 맛과 신선도에 있어서 경쟁력을 가질 수는 있지만, 기본적인 조리 노하우가 기반이 돼야 하는 만큼 가맹점의 경우 맛의 편차가 생길 수 있고, 운영의 편리성에서도 애로사항이 있다는 것이 단점으로 지적된다.

완제품 방식은 운영의 편리함이 가장 큰 강점이다. 또 본사에서 제공하는 맛을 일정하게 보장받을 수 있어 고객 이탈을 막을 수 있다는 장점이 있다. 하지만 물량 체크의 어려움으로 인한 재고 위험, 또 매장에서 갓 만들어낸 것보다 맛이 떨어질 수도 있다는 것이 단점으로 꼽힌다.

전문가들은 각각의 장·단점이 있기 때문에 두 가지 중 맛과 더불어 운영 효율성면에서 무엇이 명확히 낫다고 하긴 어렵다고 말한다. 하지만 최근 완제품의 경우 당일 배송 등의 물류 시스템이 발달하고, 진공 팩 방식으로 족발 특유의 맛과 향을 지킬 수 있는 등 기술력이 바탕이 되어 실제 맛의 차이를 느끼기는 쉽지 않다는 의견도 있다. 업계 전반적으로 품질 향상이 이뤄진 만큼 맛의 변별력도 중요하지만 결국은 관리의 문제로 접근하는 것이 필요하다. 조리방식 선택에 있어서도 매장 평수, 외식업 경험 유무, 상권, 일일 판매량 등 종합적인 것을 분석해 본인에게 잘 맞는 방식을 선택하는 것이 중요하다.

II

보쌈 전문점

1. 한국인이 사랑하는 보쌈, 대중 식으로 타깃 고객 넓혀

1) 보쌈 아이템의 장점

1980년대 중후반부터 본격적으로 선보이기 시작한 보쌈전문 프랜차이즈는 외식업계에서 안정적인 업종으로 손꼽히는 스테디셀러 아이템이다. 한국인이라면 누구나 좋아하는 보쌈을 기본으로 김치·막국수 등의 사이드메뉴와 함께 제공하여 연령층을 가리지 않고 대중적으로 사랑받고 있다.

오피스 상권의 경우 점심메뉴를 개발해 제안하거나 가족단위의 고객을 위한 세트메뉴를 제안하는 것도 대표적인 사례이다.

보쌈 전문점 창업의 경우 안정적인 맛 유지와 수월한 재료 손질이 운영 편리성에 있어서 매우 중요한데, 예비창업자가 자신만의 비법을 담아 노하우를 접목하기란 쉽지 않은 일이다.

2) 보쌈 주 고객층과 주요입지

돼지고기를 기름에 굽거나 튀기지 않고 물에 삶아 조리하는 보쌈은 피로회복과 원기보충에 으뜸인 영양식품이자 유행을 타지 않는 국민메뉴로 각광받는 음식이다. 복을 상징하는 돼지를 '복을 싼다'는 의미의 쌈으로 만들어 먹은 것은 독특한 우리나라 식문화 유산 중 하나다. 보쌈은 돼지고기를 냄새가 나지 않게 삶고 무거운 돌을 올려놓아 남은 기름기를 제거하고 상추나 배추 등에 싸서 먹는다. 같은 고기라 하더라도 직접 불에 굽는 것보다는 보쌈 형태로 먹는 것이 건강에 좋다. 세계적으로 유명한 장수 마을인 일본의 오키나와 노인들이 즐겨 먹는 음식도 푹 삶은 돼지고기를 간장에 졸인 음식이다.

3) 성공포인트와 업종 전망

트렌드 및 업종 전망에 있어 보쌈전문점은 과거처럼 단순히 내점 위주의 고객이나 배달 위주로 운영하는 것을 넘어서 다양한 메뉴개발과 새로운 방식의 메뉴제안으로 고객층을 확장하고 있는 상황이다. 무엇보다 육류소비를 점차 줄이고 웰빙, 건강 키워드를 선호하는 고객들에게 보쌈은 적당히 푸짐한 외식메뉴이자 '웰빙', '건강' 키워드에 내한 니즈를 만족시키는 아이템이기도 하다.

이 같은 시장 상황을 바탕으로 보쌈전문점의 인기는 지속될 것이다. 창업전략이 안정적으로 시스템화 되어 있는 프랜차이즈 본사만 잘 선택한다면, 특별한 기술 없이도 예비창업자들에게 매력적인 아이템이다.

2. 성숙기 아이템 보쌈

1) 성숙기에 들어간 아이템, 보쌈

보쌈의 유래는 1940년경에 발간된 보쌈김치에 대한 관계문헌에서 찾을 수 있다. 보쌈이 대중에게 보급된 시기를 해방 이후로 추측하고 있다. 보쌈은 가장 한국적인 아이템 중 하나로 지역을 가리지 않고 인기를 얻었다. 전문점 형태로 사업화의 포문을 연 업체는 〈원할머니보쌈〉과 〈놀부보쌈〉이다. 이후 개별 상권을 중심으로 〈장충동할매보쌈〉, 〈개성할머니보쌈〉, 〈장원보쌈〉 등 중소형 브랜드가 속속 생겨났다.

독립점포 시장은 보쌈과 족발을 동시에 판매하는 배달 전문점이 대부분을 차지한다. 보쌈은 대형 브랜드들의 틈바구니에서 살아남을 신규 브랜드 론칭 가능성이 희박하다는 특징을 지니고 있다. 안정기에 들어간 아이템의 특성 때문이다. 돼지고기 구이 전문점이 폭발적인 인기를 끌었다가 저무는 것과는 대조적이라 할 수 있다. 소비자와 창업자 모두의 입장에서 본다면 보쌈전문점은 있는 듯 없는 듯한 아이템이라고 해도 과언이 아니다.

2) 보쌈은 규모의 경제학이 통하는 아이템

보쌈전문점에서 가장 많은 비용을 차지하는 것은 역시 점포 구입이다. 보쌈은 배달전문점이 아니라면 최소 99.1㎡(30평) 크기 이상의 매장이 필요한 아이템이다. 수도권 주택가 상권 기준으로 판단한다면 최소 5000만원에서 1억원 정도의 비용을 투자해야 경쟁력을 확보할 수 있다. 인테리어 비용투자는 체인점으로 오픈할 경우 가맹금과 보증금, 시설비 등을 합해 165.29㎡(50평) 기준으로 대략 1억 5000만원이 소요된다. 독립점포를 오픈한다면 같은 평수라도 1억원 이내의 투자로 오픈이 가능하다.

수익성을 분석해보면 상권별, 입지별로 편차는 있으나 1일 매출을 70만원 정도 예상할 수 있다. 165.29㎡(50평) 정도의 중대형 매장이라면 1일 평균 150~200만원 사이의 매출도 기대할 수 있다. 식재료 원가, 인건비, 임대료, 판매관리비를 제외한 창업자의 월 순이익률은 투자금액 대비 3~4% 내외이다.

김치와 보쌈, 한국인이라면 거부할 수 없는 매력을 가지고 있다. 즉, 보쌈전문점은 보쌈김치가 맛있어야 성공할 수 있다. 김치와 돼지고기의 조합은 한국인이라면 누구나 좋아하는 맛이다. 이를 이용해 점심엔 보쌈정식, 저녁은 술안주로 활용할 수 있는 것이 보쌈의 매력 포인트 중 하나다. 고깃집의 약점으로 뽑히는 게 점심 매출 걱정이지만 보쌈전문점이라면 크게 걱정하지 않아도 된다. 단, 보쌈김치의 단맛이 지나치게 강할 경우 중년 고객의 외면을 받을 수 있으니 유의해야 한다. 또한 돼지고기의 경우 질이 낮은 원육을 사용할 경우 잡내가 심할 수 있다. 냄새에 민감한 여성 고객, 가족단위 고객이 보쌈을 기피하는 원인이다. 때문에 원가 부담을 줄이겠다고 질 낮은 원육을 사용하는 것은 안 좋은 선택이다.

3) 보쌈정식은 보쌈전문점의 필수 메뉴

보쌈전문점의 주 수요층은 주부, 가족단위 고객이다. 보쌈전문점을 찾는 사람들은 삼겹살 전문점을 찾는 사람들과 분명한 차이를 보인다. 보쌈전문점의 경우 웰빙 콘셉트를 사용하기 쉽고 소비자 역시 조금이라도 건강한 고기로 인식한다. 구이에 비해 담백한 맛, 적은 기름기 덕을 톡톡히 보는 요리가 바로 보쌈이다. 직장인 고객에게도 보쌈은 회식메뉴로 인기가 높다. 건강을 중시하는 중·장년층의 인기에 힘입은 것이다. 보쌈전문점의 점심 매출을 결정짓는 건 바로 보쌈정식의 유무다. 고기를 점심에 즐기고 싶은 소비자일지라도 구이를 먹기는 부담스러운 것이 사실이므로 이러한 소비자의 니즈를 공략한 게 보쌈정식이다. 보쌈정식은 매출 균형화를 위해서라도 반드시 필요한 메뉴다.

<표1> 보쌈전문점 최적의 상권입지

적합상권 유형		장·단점
제1후보지 주택가 진입로변상권	장점	보쌈전문점 주 수요층의 접근성이 좋은 대단위 주택가 진입로 변 1층 매장이 가장 적합하다.
	단점	주택가 상권의 경우 직장인 수가 적다. 점심 매출이 기대만큼 나오지 않을 수 있다.
제2후보지 아파트 주거지역	장점	거주밀집지역의 틈새상권도 좋다. 배달을 전문으로 하는 소규모 업체라면 적극 추천한다.
	단점	틈새 입지개발이 쉬운 일이 아닌 만큼 단골을 만들기 위한 노력이 필요하다.
제3후보지 역세권, 오피스밀집 상권	장점	직장인 유동인구가 많은 역세권이나 오피스 밀집상권, 먹자상권은 어떤 아이템이 들어가도 반은 먹고 들어갈 수 있다.
	단점	보증금, 월세, 권리금이 높아 매출은 높으나 수익성이 떨어질 수 있다.

3. 보쌈전문점의 브랜드 론칭 사례

1) 무분별한 신규 브랜드 출시 사례

외식업체들의 무분별한 신규 브랜드 출시가 실적악화의 원인이 돼 경영위기를 초래하는 경우가 많다. 금융감독원에 공시된 국내 주요 외식업체들의 2015년 경영실적을 분석한 결과 실적 악화 브랜드가 나타났는데, 실적악화의 원인이 무분별한 신규 브랜드 출시 때문인 것으로 분석됐다.

원앤원의 경우 1975년부터 운영하던 〈원할머니보쌈·족발〉의 가맹사업을 1991년에 시작한 뒤 2008년 제2브랜드인 〈박가부대찌개〉를 출시하기 전까지는 오로지 보쌈·족발 전문 업체로 한우물만 팠다. 그리고 112개의 매장을 개설해 제2브랜드로서 성공적으로 안착을 했다. 그러나 문제는 그 다음부터였다. 2015년에는 〈원할머니〉브랜드의 확장 콘셉트로 〈원할머니 건강쌈밥〉과 〈원할머니 국수·보쌈〉브랜드를 론칭했지만 매장은 각각 4개와 2개에 불과했다. 이처럼 신규 브랜드를 개발해 출시해왔지만 한식 브랜드 외에는 진부한 실정이다.

2) 무리한 신규 브랜드 출시에서 배우는 미투전략의 허와실

그뿐 아니라 2009년 〈백년보감〉이라는 삼계탕과 찜닭전문브랜드를 론칭했지만 실패했다. 그리고 2011년부터 신규 브랜드를 시작했지만 첫 번째 야심작인 〈툭툭샐러드바〉라는 전문브랜드는 몇 년이 지난 지금 현재 매장은 단 하나밖에 없다. 또한 2013년에 〈툭툭샐러드바〉를 내놓았지만 역시 매장은 하나밖에 없다. 2012년에는 한식전문업체가 〈커피에투온〉이라는 브랜드로 커피사업에 진출했지만 역시 실패하고 말았다. 그 실패를 바람삼아 2013년에는 〈잇델리 앤 카페〉라는 브랜드를 다시 론칭했지만 현재 매장은 2개가 전부다. 2013년에는 또 〈이트피자〉라는 브랜드로 피자사업에까지 진출했지만 역시 실패하고 현재 매장은 단 하나도 없다.

이상에서 볼 때 신규 브랜드 개발은 신중에 신중을 기할 수밖에 없다.

3) 레드오션 헤매는 업체들 전철 밟을 우려

최근 외식업계에는 업력이 오래된 업체들이 제2의 성장동력을 만들기 위해 신규 브랜드를 출시하는 경우가 많다. 대부분 같은 행태와 미투전략을 구가하고 있어 제2, 3의 실패기업이 나타나지 않을까 우려의 목소리가 크다.

놀부 역시 한식 외에 커피 브랜드 〈레드머그커피〉를 인수해 커피 사업에 뛰어들었고, 조만간 〈놀부옛날통닭〉이라는 브랜드로 치킨사업에도 진출하여 원앤원과 같은 전철을 밟지 않을까 관심이 쏠리고 있다. 이밖에 김밥전문 업체 김가네도 신규 브랜드를 내놓고 있지만 대부분 이미 시장의 경쟁강도가 심한 레드오션으로 한계를 드러내고 있다.

또한 2010년 〈보족愛〉라는 보쌈·족발 브랜드를 출시했지만 6년 동안 확보한 매장은 5개에 불과할 정도다. 김밥전문 업체가 주꾸미, 보쌈, 족발, 치킨 등 이미 시장상황이 포화인 레드오션에 들어가 헤매고 있는 형국이다.

III

족발·보쌈 프랜차이즈 브랜드

1. 족발 프랜차이즈 브랜드

1) 장충동 왕족발

(1) 브랜드 및 상품 특징

회 사 명   : 장충동왕족발

대 표 자   : 신신자

전   화   : 1588-3300

주   소   : 충청북도 청주시 서원구 현도면 선동 2길 232-28

홈페이지   : https://www.1588-3300.co.kr

회사설립일   : 1984년

① 상품특징 및 장점

20년간의 노하우로 돼지냄새를 제거하여, 현대인 기호에 맞게 품질을 개량하였고 1등급 이상의 국내산 생족(生足)만을 사용한다.

② 브랜드 컨셉

31년 전통 속에서 생성된 제조 기술과 좋은 배추, 무만을 엄선한 보쌈김치를 제공한다.

(2) 가맹조건 및 계약 내용

점포수	가맹조건
180	가맹비: 5500 교육비: 2200 보증금: 3000 기타: 간판, 주방오븐, 식기, 디스플레이

(3) 차별화 전략 및 경쟁력

① 시스템 경쟁력

창업 등 이벤트 행사 시 본사 직원의 직접참여 및 홍보와 전략을 수립하며 인력지원, 초기창업지원 및 상권보장, 지속적으로 경영관리 한다.

② 출점전략 경쟁력

동일한 시스템 적용이 성공의 핵심으로 강조하며 서울 및 수도권 점포 개설에 주력한다.

③ 메뉴 경쟁력

보쌈김치, 동치미, 무 생절이 등 부대제품 일체를 분리하여 제조 및 공급하며, 14가지 약재로 빚어낸 본사 고유 제조기술 보유하고 있다. 또한 다양한 연령층을 위한 세트메뉴가 구성되어 있다.

(4) 브랜드 특징 및 영업전략

장충동왕족발은 야오코사 일본 유통사와 보쌈김치 판매 계약을 맺고 지난 2013년부터 야오코사 사이타마현 마토바점에서 첫 선을 보인 이후 일본 내 121개 지점에서 판매하고 있다. 장충동왕족발 보쌈김치는 소비자 가격이 398엔(300g)으로 다소 높지만 물량이 부족할 정도로 히트를 쳤다.

야오코사는 장충동왕족발과 연계해 매장 내에 코리아 푸드 존을 마련해 한국식품을 판매하면서 보쌈김치를 신호탄으로 족발, 보쌈, 떡볶이, 떡국, 비빔밥 등 의 연계시리즈를 통해 판매 종류를 계속 넓혀 나가고 있다.

점포개발은 영업주의 각 지역별 담당자가 매장관리 업무를 하면서 신규 창업자 발굴-〉 점포 입점 -〉점포 운영 및 조리 교육에 이르기까지 담당함으로써 업무의 일원화를 추진하고 있다. 주력 상권과 입지는 배달 위주의 영업을 하는 관계로 홀 영업위주의 매장보다 입점에 경제적으로 유리한 면이 있다. 고객층은 주로 부부가 함께 영업에 참여하여 주방에서 제품을 만들고 배달하는 형식을 선호한다. 프랜차이즈 방식의 운영 자체가 언제 어디서든 동일한 맛과 분위기, 서비스를 제공해야 하는 만큼, 가맹점마다 차이가 발생하면 결국 고객의 기대치를 충족시키지 못해 가맹점 매출 하락은 물론 브랜드 가치의 상실로 이어진다. 때문에 특정 가맹점의 뛰어난 능력이나 부진보다는 동일한 시스템의 적용이 성공의 핵심임을 강조한다. 이를 위해서 반복적인 교육과 실행을 매우 중시하며 표준화를 상실하면 프랜차이즈로서의 매력은 사라지게 됨을 인식시키는데 주력하고 있다. 또 이 회사는 우수가맹점의 조건은 결국, 본부의 경영철학을 제대로 이해하고 본부의 상품과 시스템을 제대로 준수해 매출이 오르는 신념을 가지도록 철저한 경영 의식 고취에 중점을 두고 있다.

즉, 가맹점주가 영업의 중심이 돼야한다는 주문이다. 아울러 본사는 꾸준히 변화하는 자세와 무차별적인 사업 다각화를 지양하고 규모보다는 내실과 효율화에 힘을 쏟는 일관성, 가맹점 폐업을 누구보다 아파할 줄 아는 본사 가맹점을 향한 애정과 고객의 목소리를 경청하는 대화채널 보유, 프랜차이즈 사업의 핵심이 표준화인 만큼 이를 지키기 위해 본부와 가맹점의 끊임없는 노력이 중요함을 강조한다.

문제는 그로 인해 고객의 권리를 지키지 못하는 것이다. 만약 유사상호가 난립하지 않았다면 족발 시장은 많이 성장했을 것이고, 그만큼 앞으로 해야 할 일이 많다. 때문에 단일 전화번호를 이용한 통합 콜센터를 운영하여 지속적으로 홍보를 하고 있는 것이다.

장충동왕족발은 식품 사업으로 어느 것 하나 소중하지 않은 것이 없겠으나 특히 건강을 담보로 하는 식품 사업은 원칙이 가장 중요함을 강조한다. 이제는 우리만의 기업 문화로 자리 잡아 전 직원들이 모두 그 원칙을 지켜오고 있다. 모든 것은 근자지소행(近者之所行)이라고 가장 가까운 곳에서부터 좋은 소문도 나쁜 소문도 나게 되어있다.

이 같은 기본을 바탕으로 자사 브랜드의 점포 성공을 위해 5가지 지켜야 할 성공 전략을 세워 실천해 나가고 있는데 이를 보면 다음과 같다.

첫째, 매일 똑같이 반복되는 일에 대한 나태함에서 벗어나기 위해 새로운 각오로 동기부여를 한다.

둘째, 오픈 후 3개월 내에 승부를 건다. 즉, 고객이 2회 방문 시까지 강력한 임팩트로 각인을 시킨다.

셋째, 본사와 신뢰 구축에 노력한다.

2) 소담애

(1) 브랜드 및 상품특징

회 사 명 ： (주)에브릿 소담애 족발 · 보쌈 전문점

대 표 자 ： 이영환 · 정은수

전 　 화 ： 1588-3403

주 　 소 ： 대전광역시 대덕구 대화로 20(대화동)

홈페이지 ： http://www.sodamae.com

회사설립일 ： 2009년 4월

① 상품 특징 및 장점

33가지 생약제를 첨가하여 장시간 조리한 족발과 아늑한 분위기, 감각적인 공간을 연출하였다.

② 브랜드 컨셉

업계 최초 데워먹는 따뜻한 족발과, 매일매일 족발을 생산하는 열정의 소담애.

(2) 가맹조건 및 계약내용

점포수	가맹조건
70개	가맹비: 1000 교육비: 200 인테리어 : 6400 기타: 간판, 주방오븐, 식기, 디스플레이

(3) 차별화 전략 및 경쟁력

① 시스템 경쟁력

20, 30대 여성을 공략, 이들이 선호할 만한 매장공간과 메뉴 개발, 본사에서 매일 삶아낸 족발을 공급한다.

② 출점전략 경쟁력

도축장에서 도축된 것을 바로 구입해 365일 공장에서 직접 삶아 공급하며, 빈티지하면서도 고급 카페와 같은 점포 콘셉트를 설정했다.

③ 메뉴 경쟁력

한방재료와 각종 채소, 과일을 고은 특제 육수에 생족을 삶아 쫄깃하고 돼지 특유의 냄새가 없는 족발, 오랜 기간의 연구와 시행착오를 통해 만든 특제소스.

(4) 브랜드 특징 및 영업전략

대전의 명물 족발전문점에서 시작해 현재는 전국적으로 70여개의 가맹점 진출로 탄력을 받고 있는 〈소담애〉는 유난히 대전에 족발 브랜드가 많은데 이는 〈소담애〉의 활약이 낳은 결과라고 해도 과언이 아니다. 이 브랜드는 일찍이 20~30대 여성을 공략, 이들이 선호할 만한 매장 공간과 메뉴를 개발해 폭발적인 인기를 끌었다. 또 족발이라는 아이템 특성상 점심시간과 밤 10시 이후의 매출을 메뉴개발로 극복해 족발전문점의 모범사례가 되고 있다. 특히 점포에서 직접 족발을 삶는 경우, 점주들이 오랫동안 점포 운영할 뒷심을 잃게 되는 것이 우려돼 본사에서 매일 삶아낸 족발을 공급하고 있다.

다년간 프랜차이즈 사업을 해오던 대표는 창업을 앞두고 아이템에 대해 고민하던 당시 유행을 타지 않는 아이템을 물색하기 시작했다. 이미 생과일전문점 소자본 창업으로 쓴 맛을 경험한 뒤였다. 처음엔 몇 곳 없던 전문점이 유행하기 시작하자, 한 지역에 5~6곳까지 생기는 등 경쟁이 심화됐다. 치열한 경쟁으로 메뉴 가격이 하락하자, 매출까지 하락하는 악순환을 경험해야 했다. 보쌈과 족발은 서민음식이면서도 객단가가 높고, 계절을 타지 않으면서 남녀노소 누구나 즐겨먹는 아이템이라 경쟁력이 있을 것으로 판단했다. 대전 탄방동에 1호점을 냈는데, 처음엔 기존 족발집처럼 평범하게 시작했다. 족발집들은 테이블 단가가 4~5만원 하는데도 이에 견줄만한 고객서비스가 매우 미흡했다. 서비스가 좋은 족발집을 만들어야겠다고 생각한 것이다. 둔산 2호점을 낼 때는 점포 이름도 〈유황족〉에서 〈소담애〉로 바꾸고, 매장 인테리어도 젊은 층이 선호할 만한 카페 콘셉트로 정했다. 족발집 분위기와 서비스가 업그레이드되니, 손님도 업그레이드되었다. 고객들이 카페 같은 족발집 〈소담애〉를 찾기 시작하면서 급기야 줄을 서서 먹는 맛 집으로 등극하기에 이른다. 초기부터 가맹 문의도 쇄도했지만 이곳 대표는 체계적인 시스템이 구축되기 전까지 가맹점 사업을 자제했다. 그리고 1년 뒤, 본격적인 프랜차이즈 가맹 사업에 돌입했다.

현재 〈소담애〉의 주요경쟁력은 첫째, 족발의 경우 도축장에서 도축된 것을 바로 구입해 365일 매일 공장에서 직접 삶아 전국 점포로 배송하는 생산시스템이다. 이로써 〈소담애〉본연의 맛을 전국 가맹점들이 손쉽게 차별화 된 맛으로 제공받을 수 있다. 둘째, 빈티지 하면서도 젊은 층이 선호할만한 고급 카페와 같은 점포 콘셉트는 소비층이 두터운 젊은 20~30대 여성들로부터 각광받고 있다. 셋째, 족발전문점의 매출 한계선인 점심시간대와 오후 10시 이후 고객들도 내점할 수 있도록 족발 이외에 사이드 메뉴를 개발해 점포 매출 확보에 주력하고 있다. 이로써 점심고객을 유도하고, 늦은 밤 시간대 매출을 견인하고 있다.

최근 외식업계에 새로운 바람이 불면서 예전에는 음식점에서 단순히 '음식을 먹는다' 라는 개념이 주를 이뤘다면 이제는 맛과 분위기를 함께 즐긴다는 인식이 확대되고 있다.

매장에 손님을 모으기 위해선 감성서비스 무기를 장착해야 한다. 프랜차이즈 족발브랜드인 '소담애' 는 서울 소상공인지원센터에서 개최된 '프랜차이즈 CEO가 직접 들려주는 성공스토리' 강연을 통해 감성서비스를 강조한다. 맞춤형 서비스라는 것은 고객들이 즐겁게 먹을 수 있는 공간으로 만들어 가야하며, 마음의 서비스 인심의 서비스를 해야 한다는 것과 외식업 사업의 성공은 친절에서 시작되는 진정성을 가지고 있는 서비스로 이는 고객들을 얼마만큼 관심을 가지는 것이 중요하다. 업종선택과 관련해 아이템과 브랜드만 보지 말고, 장사 잘되는 매장을 직접 찾아다녀야하며 현장에서 직접 일을 배우는 것 또한 가장 중요한 요소이다. 또한 인력운영과 관련해 주방과 홀의 인력을 내 사람으로 만들어야 한다. 직원들과 고객들을 관찰하고 관심을 가져야 하고, 어떻게 내 사람으로 만들지 고민해야 할 것을 강조한다. 정보 공개서에 등록한 브랜드 중 직영점 1개와 가맹점 10개 이상 운영 중인 프랜차이즈 가맹본부가 평가 대상으로 이번 평가는 소담애 가맹본부, 가맹점사업자, 계약, 시스템운영, 관계, 시스템 성과의 6개 항목에서 소담애는 70점 이상(Ⅰ,Ⅱ등급)을 받아 우수프랜차이즈로 선정되는 영광을 누렸다. 믿을 수 있는 100% 국내산 족발에 업계 최초로 워머에 데워먹는 따뜻한 족발로 새롭게 족발 업계를 점령하고 있다. 더불어 〈소담애〉의 강력한 경쟁력이라 할 수 있는 메뉴와 소스류 등을 개발해 탄탄한 브랜드 인지도를 확보해 나가고 있다.

3) 토시래

(1) 브랜드 및 회사개요

회 사 명 : 주식회사 퍼스트원

대 표 자 : 원선중

전   화 : 1577-7859

주   소 : 경기도 안양시 만안구 안양동 668-39 대동빌딩

홈페이지 : http://www.tosilae.com

회사설립일 : 2010년 11월

① 상품 특징 및 장점

신선한 과일과 각종 채소 등을 넣고 오랜 시간 우려낸 육수로

 삶은 족발

· 까다롭게 엄선된 최상급의 족발을 사용

② 브랜드 컨셉

· 세련된 분위기의 카페형 매장을 지향하는 자연친화적 컨셉

· 100% 시스템형 테이크아웃 전문 매장

(2) 가맹조건 및 계약 내용

점포수	가맹조건
120	가맹비: 1000 교육비: 200 인테리어 : 6400 기타: 간판,주방오븐,식기,디스플레이

(3) 차별화 전략 및 경쟁력

① 시스템 경쟁력

20~30대 젊은 층을 타깃으로 이들이 선호할 만한 모던함을 추구하며 상권은 주로 유동인구가 많은 상권 입점을 선호한다.

② 출점전략 경쟁력

물류센터에서 매일 냉장상태의 국내산 생족을 매장으로 배송하고 다양한 입맛을 충족시키기 위한 꾸준한 메뉴개발을 시행한다.

③ 메뉴 경쟁력

콩나물 해물 족발, 고추잡채 족발, 매운양념족발, 냉채족발 등의 다양한 메뉴구성, 깔끔하고 감칠맛 나는 간장 딥소스, 부드러운 된장 소스.

(4) 브랜드 특징 및 영업전략

하나에서 열까지 창업자들의 손쉬운 점포 운영을 도모하고자 하는 〈토시래〉는 카페형 인테리어로 젊은 층이 선호할만한 모던하고 깔끔한 매장 분위기가 인상적이다. 상권은 주로 유동인구가 많은 상권 입점을 선호하며, 젊은 층 외에도 중장년층에게도 거부감 없는 매장 분위기를 제공하고 있다. 테이크아웃이 몰리는 지역은 웨이팅 공간을 구비하고, 가족 단위가 많은 지역은 아이들의 안전과 유아용 의

자 및 포크 등을 기본적으로 제공하는 세심함을 특징으로 서비스한다.

〈토시래〉 브랜드의 제일의 경쟁력은 맛이다. 카페형 인테리어가 젊은 층에게 어필했다면, 맛에서 더 넓은 고객층을 확보하고 있다. 또 물류 센터에서 매일 냉장 상태의 국내산 생족을 매장으로 배송하면 매장에서는 과일, 채소 등을 넣어 육수를 끓이고 족발을 삶아 낸다. 고객의 다양한 입맛을 충족시키기 위해 콩나물 해물 족발, 고추 잡채 족발, 매운 양념 족발, 냉채 족발 등의 다양한 메뉴 구성도 눈길을 끈다. 이 외에도 깔끔하고 감칠맛 나는 간장 딥소스, 부드러운 된장 소스 등의 각종 소스와 절인 깻잎, 묵은지 등을 함께 내 맛을 향상 시켜 제공하고 있다. 무엇보다도 주목할 점은 족발 부위별로 나눠 제공하는 점이다. 부드럽고 야들야들한 맛의 앞발과 고소하고 쫄깃한 맛의 뒷발로 메뉴를 구분해 입맛에 따라 선택하도록 한 것이 특징이다. 족발이나 보쌈에 거부감이 있는 아이들의 경우 살코기가 많은 뒷발의 선호도가 높기 때문이다.

〈토시래〉의 R&D 센터를 통해 창업자를 위한 교육장으로 활용될 뿐만 아니라 메뉴개발팀의 신 메뉴 개발실로 활용된다. 개발팀은 국내외를 막론한 시장조사에 많은 투자를 아끼지 않아 더욱 맛있는 요리제공에 주력하고 있다. 특히 〈토시래〉는 예비창업자들을 위해 업무 이원화를 통한 효율성 높은 시스템으로 많은 점주들이 걱정하는 조리 시스템과 홀 위주의 운영에 따른 부담을 덜 수 있도록 지언하고 있다. 즉, 서브 키친을 두고 홀 직원이 간단한 사이드 메뉴를 직접 담가서 서빙 할 수 있도록 하거나 대형 매장은 셀프 바를 마련해 효율성을 높였다. 족발 작업을 하는 조리 작업대와 계산대가 겸한 테이크아웃 부스는 홀 입구 쪽으로 자리를 배치하고 홀 직원이 족발을 썰어 낼 수 있도록 업무 효율성을 높인 동선배치에 많은 중점을 두고 있다. 이렇게 점주들이 직접 일하는 동선을 최대한 편하게 배치함으로써 장시간 일해도 피로감을 줄일 수 있게 배려하고 있는 것이다. 〈토시래〉는 모든 일을 가맹점주를 우선으로 한다. 많은 이들이 다양한 프랜차이즈를 경험하다 보니, 그에 따른 본사에 대한 불신이 많지만 본사는 항상 점주의 입장에서 다시 생각하는 자세를 기본으로 하고 있으며 본사를 믿고 따르도록 신뢰를 모토로 하고 있다.

〈토시래〉는 족발·보쌈이라는 아이템의 특성상 전국으로 200~300개의 매장이 최대로 오픈할 수 있는 시장 규모로 판단하고 있다. 〈토시래〉는 특히 점포를 운영하는 점주들이 매장을 운영함에 있어서 최대한 피해를 입지 않는 범위 내에서 점포 개설을 진행한다는 방침이다. 동일 상권 내에서 무분별하게 매장을 오픈시켜 본사의 이득만을 취하는 그런 가맹본부가 아닌 가맹 점주들과 함께 성장하는 회사가 되는 것을 모토로 하고 있다. 아울러 최근 불황이라는 사회적 인식에 대해 외식 산업이 2000년대 들어오면서 불황인 적이 없었다. 그만큼 지속적인 성장을 했고, 앞으로도 성장 가능성이 무궁무진한 시장으로 여기고, 보쌈과 족발 메뉴가 건강 음식으로 주목 받기 시작하면서 시장 규모가 점점 커짐에 따라 경쟁 브랜드 또한 속속 증가하고 있는 추세를 잘 알고 있기 때문이다. 이 시점에서 〈토시래〉는 가맹 점주와 본사, 직원이 오랫동안 함께 할 수 있는 브랜드라는 사명아래 정직한 음식을 고객에게 제공하기 위해 주력하고 있다.

카페형 족발&보쌈전문점 토시래는 유독 업종 변경 문의가 많은 곳 중 하나다. 화학조미료를 일절 사용하지 않고 신선한 과일과 채소 등 30여 가지 자연재료를 넣어 매일 국내산 최상급 생족을 삶아내는 족발 프랜차이즈인데다 대박난 맛집으로 소문난 매장이 많아 주변에서 전해들은 후 매장을 먼저 방문해보고 연락해오는 경우가 많기 때문이다.

토시래는 '맛'은 물론 창업과정에서도 소규모 매장인 '토시래스몰'의 경우 5~8천만원(15평 기준) 수준에서 풀 공사가 가능하며, 업종 변경 창업주가 기존에 가지고 있던 설비나 인테리어를 최대한 활용할 수 있도록 하고 있다. 과도한 투자와 과다한 인건비 지출을 지양하는 시스템으로 최소비용 창업과 효율성 투자를 목적으로 하기 때문에 상황이 어려운 업종 변경 창업자에게 더욱 유리하다. 실제로 이전에 이미 세 번의 실패를 경험하고 토시래를 통해 인생역전한 평택 독곡점의 점주는 토시래 브랜드 선정 장사가 너무 잘 돼서 브랜드의 중요성을 실감한다고 말한다. 그는 한때 우울증에 시달리면서 극단적인 생각까지 했었지만 현재 하루 매출 300만원을 올리면서 즐거워했다. 족발집 운영에 톡톡히 재미가 들린 그는 "나중에는 진짜로 이 지역 족발 중에 최고라는 소리를 한번 들으면서 장사를 하고 싶다"는 포부를 밝힐 정도가 됐다.

한편 토시래는 종물(육수)의 비법 공개나 기존 설비를 활용한 최소비용 업종변경 등으로 창업주들에게 좋은 반응을 얻고 있으며, 가맹점주 입장에서 비용 절감을 위해 노력하는 시스템을 통해 최소 비용으로 고수익을 내는 매장이 속속 재탄생하고 있다.

그 맛이 천차만별인데 프랜차이즈의 경우 완성도 높은 음식 맛을 매장별로 변함없이 제공하는 것이 브랜드의 성공을 좌우한다. 인기가 많은 음식은 그만큼 진입장벽이 높다는 말과 동일한데 외식 프랜차이즈 족발, 보쌈 전문점 토시래가 높은 만족도의 음식을 고객들에게 제공하며 외식창업을 희망하는 이들에게 주목을 받고 있는 이유는 '좋은 음식을 나눈다'의 슬로건으로 탄생한 브랜드 토시래는 다양한 족발, 보쌈 메뉴를 선보이며 족발시장을 공략하여 전국에 120호점 이상의 매장을 보유하고 있다. 이는 족발을 삶을 때 화학조미료를 일체 사용하지 않고 건강을 생각하는 토시래의 경영철학이 고스란히 녹아 있기 때문이다. 그리고 토시래는 본사 창업자금 지원 시스템을 운영하고 있어 어려운 경제여건에서 자사 브랜드 창업을 희망하는 이들을 대상으로 외환은행과 연계해 창업자금을 낮은 금리로 대출해주고 있다. 또한, 한번 창업을 해놓고 끝이 아닌 지속적인 메뉴개발을 통해 가맹점에 새로운 레시피를 공급하는 등 가맹점과 동반성장 할 수 있는 지원이 지속된다는 점도 강점이다.

4) 미쓰족발

(1) 브랜드 및 상품특징

회 사 명　　　: 보승FC

대 표 자　　　: 정찬희

전   화   : 1899-5505

주   소   : 서울특별시 마포구 서교동 395-179 미르빌딩 4F

홈페이지   : http://mythjokbal.co.kr/

회사설립일 : 2012년 4월

① 상품 특징 및 장점

· 특제 육수와 100%국내산 족발

· 30년 족발 내공으로 만든 프랜차이즈

② 브랜드 컨셉

· 족발&샐러드, 젊음의 메카 홍대접수

· 20~30대의 고객을 홀리는 족발

(2) 가맹조건 및 계약 내용

점포수	가맹조건
49개	가맹비: 700 교육비: 300 인테리어 : 4,500 기타: 간판, 주방, 오븐, 식기, 디스플레이

(3) 차별화 전략 및 경쟁력

① 시스템 경쟁력

고객을 만족시켜 재방문을 유도하며 표준화된 조리 시스템으로 쉽게 조리가 가능하다.

② 출점전략 경쟁력

철저한 관리와 전문성으로 족발에만 집중, 온라인 마케팅 지원에 중점을 둔다.

③ 메뉴 경쟁력

30년간 족발이라는 한 길만 걸어온 본사를 기반으로 뛰어난 맛과 품질의 족발, 또한 마늘족발, 깻잎 불족발, 냉채족발, 미니족발 등 시대 흐름에 부합하는 메뉴를 꾸준히 개발하여 소비자들의 니즈를 만족시키고 있다.

④ 성공 전략

양적 확장만을 목적에 두는 무분별한 가맹점 오픈을 지양하고 있으며 철저한 관리와 전문성으로 족발에만 집중한다. 오랜 명성을 이어 온 기업답게 맛과 퀄리티를 높이는데 총력을 기울이고 있다.

족발창업 프랜차이즈 '미쓰족발' 은 본사의 전통을 믿고 창업을 하는 예비창업자들이 많은데, 대부분 수익성과 운영의 편의성에 큰 만족을 하고 본사는 앞으로도 강력한 지원을 통해 가맹점의 성공창업을 지원하고 있다.

(4) 브랜드 특징 및 영업전략

족발 & 샐러드 〈미쓰 족발〉은 20~30대 젊은 여성들이 좋아할 만한 젊은 감각의 족발 브랜드로 홍대를 중심으로 새로운 트렌드를 만들어가고 있다. 부산 서면점과 대구 두류점, 홍대 본점과 홍대 서교점 등이 자리해 좋은 반응을 얻고 있으며, 족발과 샐러드의 궁합은 고객들의 입소문을 타고 있다. 〈미쓰 족발〉 브랜드는 신선한 샐러드와 매일 매일 삶아 정성이 담긴 족발에 있다. 족발은 일반 족발 손질 과정에서 한 번 더 2시간 정도 소주와 함께 담갔다가 사용해 잡내가 전혀 없고 담백한 맛이 특징이다. 국내산 마늘로 만든 마늘소스와 함께 신선한 채소를 사용해 살아있는 듯한 샐러드를 즐길 수 있다. 채소나 엽채류 등은 CJ 프레시웨이의 특등급 채소만 공급받고 있으며, 메뉴 개발은 〈미쓰 족발〉의 주방직원들과 매월 1회 신 메뉴 개발을 통해 함께 진행하고 있다. 〈미쓰 족발〉은 과거에 비해 족발 전문점으로서의 체계를 갖추고 시장 족발이나 배달전문점 야식의 수준에서 벗어나 고객들이 매장으로 직접 찾아가 맛과 분위기를 즐기는 족발로 당당히 인정받고 있다.

〈미쓰 족발〉은 최근 족발과 보쌈 트렌드의 열풍에 따라 메뉴 경쟁력은 없으면서 점포 인테리어만 가지고 영업을 하려는 이들이 많은 가운데, 개인점포의 경우 운영노하우가 있지 않으면 살아남기 어려운 사업이 바로 족발 아이템인 점을 고려하여 독자적 운영 노하우를 직접 익혀 전수하고 있다. 이름 그대로 '족발의 신화'가 되고자하는 〈미쓰 족발〉은 홍대 직영점의 경우 월 매출이 1억 7천만원 이상이며 대구 두류점은 5천만원 정도 선에서 선전하고 있다. 가맹점이 잘되려면 본사의 체계적인 시스템을 잘 배워서 본사 매뉴얼대로 운영해야 한다. 마무리 불황이라 해도 맛있는 집은 아직도 줄을 서서 먹고 있기 때문에 불황을 극복하는 방법 역시 최고의 맛과 서비스로 고객을 만족시켜 재방문을 유도하는 것이 최고의 경영임을 강조한다. 특히 〈미쓰 족발〉은 깔끔한 인테리어와 모던한 카페분위기로 20~30대 고객으로부터 어필되는 가운데, 가맹점주 역시 젊은이들과 소통이 가능한 창업자 일수록 더욱 적합할 것이라고 강조한다. 〈미쓰 족발〉은 (주)보승식품의 노하우를 전수 받아 유통이나 시스템이 안정돼 있으며, 가장 중요한 족발 육수 또한 이곳에서 공급받고 있다. 동일한 맛을 내기 위해 항상 같은 육수들이 매장으로 공급되고 있어 족발 품질에 대해서는 최고로 관리할 수 있음을 강조한다. 다양한 콘셉트의 족발 프랜차이즈들이 우후죽순 생겨나는 가운데, 갈수록 브랜드만의 명확한 콘셉트가 있는 경쟁력 있는 점포만이 살아남을 것이다. 프랜차이즈 창업은 정확한 유통구조로 점포 관리를 잘할 수 있는 가맹 본사를 선택해야 한다.

따라서 프랜차이즈 경우엔 본사가 운영노하우가 탄탄한 브랜드인지 잘 살펴 보아야 한다. 미쓰족발은 ㈜보승족발이 본사로 오래전부터 이마트에 공급하는 제품에 대한 상품개발을 꾸준히 해오면서, 족발 시장에 대한 트렌드와 고객들의 족발에 대한 선호도 및 성향 조사에 대해 꾸준히 분석해 오고 있다. (주)보승족발이 이마트에 족발을 1991년부터 납품해오기 시작했는데 그 당시 고객들은 쫄깃하고 담백한 맛의 냉족발을 선호하는 경향이 강했다. 하지만 2002년 이후부터는 고객들이 온족을 선호하기 시작해 매출이 두 배로 뛰었다. 차가운 족발과 따뜻한 족발의 소비 판도가 바뀐 것이다. 온족은 부드러운 반면 느끼한 맛이 있지만, 매장에서 즉석으로 삶아서 제공한다는 인식 때문이었던 것으로 풀이 된다.

이렇게 되면 생계 위협을 받게 된다. 족발, 보쌈 등과 같은 대중적인 한식을 다루는 외식업은 대표적인 장수업종이다. 오랜 시간 대중적인 인기를 누리고 있어 새로운 외식 메뉴가 등장해도 그 인기를 고수해 나가고 있다.

오랜 운영을 자랑하는 본사의 브랜드로 창업하면 성공창업 확률도 그만큼 높아진다. 이러한 사실은 ㈜보승식품이 운영하는 '족발체인점 '미쓰족발' 브랜드를 통해 주목할 만한 가치를 가지고 있다.

경험이 부족한 초보자들은 개인 창업보다는 프랜차이즈 창업에 주목한다. 바로 프랜차이즈 족발전문점 '미쓰족발'이다. '미쓰족발'의 본사 보승식품은 무분별한 가맹점 오픈을 지양하고, 가맹점과 동반 성장하는 신중한 가맹사업을 펼치고 있다. 보승식품은 30년 이상 족발 업계 선두로 군림하고 있는 기업이다. 그 만큼 확실한 성공노하우를 갖추고 있다는 얘기다. 국내 최대 규모의 가공제조공장을 구축하고, 100% 국내산 생족과 원육수(종물)을 각 가맹점에 안정적으로 공급함으로써 조리에 대한 부담과 노동 강도를 줄였다.

5) 신설 틈새 족발 프랜차이즈

(1) 폐점률 제로의 (주)가장맛있는족발

〈가장맛있는족발〉의 모태는 〈한양왕족발〉이다. 어려서부터 부모님이 만드는 족발을 접하며 자라온 대표는 맛뿐만 아니라 사람을 상대하는 마음자세를 중시하면서 성장하였다. 이는 경기도 안성지역에서

굳건히 최고의 족발 맛을 자랑해온 부모님이 이윤 자체보다는 사람의 인심을 잃지 않아야 한다는 철칙을 배웠기 때문이다. 이후 프랜차이즈 사업을 진행하면서도 가맹본사의 이윤도 중요하지만 가맹점주의 처지와 상황을 보다 잘 파악하고 도와주려는 자세를 한결같이 지켜왔다.

〈가장맛있는족발〉은 최고의 족발 맛은 물론이고 가맹점과의 관계에 있어서도 동반 성장을 지향하고 있다. 가맹점주들의 고충을 헤아리고자 로열티를 받지 않고 동반자의 입장에서 가맹본사의 경영 원칙을 제시하는 것도 바로 그래서다. 덕분에 〈가장맛있는족발〉은 폐점율 제로의 업체로 성장해왔다.

〈가장맛있는족발〉의 가맹점주가 되면 본사의 체계적인 지원을 받게 되고 매장을 오픈하고 나면 슈퍼바이저들의 지속적인 관리를 받는다. 이는 영업 현장에서 생길 수 있는 문제점들을 즉각적으로 해결하고 보다 나은 경영 상태를 지켜나가기 위한 전략때문이다. 가맹점주들은 운영상의 문제점이 생길 때면 언제든지 본사 측과 접촉해 상담할 수 있으며 이벤트나 기타 광고 등에 대해서도 본사로부터 체계적인 지원을 받게 된다.

〈가장맛있는족발〉은 가맹점주들을 철저히 관리하기 위해 무절제한 가맹점 늘리기 또한 지양하고 있다. 천천히 하나하나 매장을 늘려나

가는 대신 지역에서 최고의 맛집 명소로 자리매김하게끔 본사의 모든 역량을 총동원하고 있다. 이는 양적 확대에만 열을 올리다가 폐점율을 높이는 여타 다른 프랜차이즈 업체들과는 비교되는 대목이다. 특히 〈가장맛있는족발〉은 맛을 지켜내야만 가맹점주들이 시장 경쟁에서 살아남을 수 있다는 생각으로 관리의 철저함을 기하고 있다. 국내산 생족발을 매장에서 직접 삶아 손님이 주문하면 뜨거운 상태에서 바로 썰어내는 방식을 고수하며 베스트셀러 매장으로서 지역마다 뿌리를 내리고 있다.

〈가장 맛있는 족발〉은 최근 들어 더욱 거세진 족발업계의 경쟁 속에서도 성장세를 유지하고 3대째 내려오고 있는 맛의 힘과 원칙을 지키고자 하는 뚝심이 가맹점주들을 감동시키는 한편 고객 감동에까지 이르고 있다. 이는 족발을 단순히 돈이 되는 아이템으로 생각하고 접근하면 성공하기가 쉽지 않지만 하나의 족발이 가맹본사와 가맹점, 소비자를 연결시켜 주는 매개라고 생각하고 최선을 다할 때 성공의 문이 열린다는 사실을 잘 알기 때문이다.

〈가장 맛있는 족발〉이 소비자들 뿐만 아니라 가맹점주들의 신뢰를 받는 이유는 원칙을 지키기 때문이다. 밥도 뜸을 어떻게 들이느냐에 따라 맛이 달라지듯 족발도 삶는 시간이나 방법에 따라 맛이 달라지는게 다양하다. 따라서 철저한 매뉴얼화를 통해 가맹점들이 고유의 맛을 낼 수 있도록 돕고 있다. 족발을 단순히 판매해서 이윤을 추구하는 대상으로 보지 않고 고객에게 서비스하고 부가가치를 창출하는 소중한 매개라고 생각하는 것이다. 그것이 바로 삶을 대하는 진실된 마음과 연결되어 있고, 앞으로 〈가장 맛있는 족발〉의 가맹점수를 늘리기보다는 기존의 가맹점주들과 함께 동반 성장한다는 마음가짐으로 하루하루 열심히 살아가는 철학이 바탕에 깔려 있기 때문이다.

㈜가장맛있는족발은 3대째 가업으로 내려온 족발 맛집을 최고의 프랜차이즈 브랜드로 만들어 지금까지 모든 업무를 직접 관장하고 챙기는 전형적인 올라운드 플레이어 경영주다. 제조 공장이 있는 수원에서 직접 10시간이 넘게 육수와 소스 만드는 과정을 일일이 체크하는 열정으로 프랜차이즈 사업을 본격적으로 시작한지 3년도 채 안돼 200개가 넘는 가맹점을 오픈하는가 하면 불황의 시대에도 대기자가 50여명에 이르고 있을 정도로 인기 절정이지만 본부는 엄격한 심사를 거쳐 점포를 전개해 나가고 있다. 평균 매장 규모도 99~132㎡(30~40평)의 중대형으로 대부분 지역에서 소문이 날 정도로 뛰어난 맛을 자랑한다.

프랜차이즈 족발 분야에서 타의 추종을 불허하는 '군계일학' 인 셈이다. 평균 매장 규모도 중대형 급인 99~132㎡(30~40평)대에 이른다. 특히 최악의 불경기로 불리는 경제상황하에서도 매년 70~80개의 가맹점을 유치해 타 브랜드의 CEO들이 그 비결이 무엇인지 궁금해 할 정도로 세인의 주목을 받고 있는데, 〈가장 맛있는 족발〉의 불황기 경영관리 노하우를 보면 첫째, 가맹점주와 동반성장으로 아이템을 보유한 프랜차이즈 본사는 여러모로 가맹점주로부터 이윤을 추구할 수밖에 없다. 하지만 지나친 경우 가맹점들이 어려워지고 결과적으로는 가맹본사도 어려워진다. 동반성장할 수 있도록 마음을 열고 대화하는 것을 모토로 한다.

둘째, 중요한 원칙을 모토로 본사와 가맹점 사이에는 불변하는 원칙이 필요하다. 상황이 바뀌거나 경영상태가 달라졌다고 원칙을 저버리면 결과적으로는 사상누각이다. 원칙은 철칙으로 생각하고 절대적으로 지켜나간다.

셋째, 최고의 맛으로 〈가장맛있는족발〉은 3대째 전해져 내려오는 족발 맛의 매력을 프랜차이즈화 해 성공한 브랜드다. 대기업의 추격도 거뜬히 뿌리칠 만큼 뛰어난 맛은 가맹 점주들과 소비자들의 사랑을 받고 있는 점이경쟁력이다.

다섯째, 본사의 철저한 원칙 준수로 〈가장맛있는족발〉은 국내산 생족발을 매장에서 직접 삶는다. 손님이 주문하면 그때그때 썰어내기 때문에 공장에서 삶아오는 족발 맛과 차이가 크다.

〈가장맛있는족발〉은 매장에서 삶아내는 신선한 족발을 판매한다는 원칙을 견지한다.

여섯째, 몸에 좋은 메뉴만 엄선 사용으로 콜라겐 덩어리인 족발은 웰빙 트렌드에도 부합한다. 족발이 치킨을 넘볼 수 있는 아이템으로 각광 받고 있는 이유다. 따라서 쫀득쫀득한 콜라겐이 많이 붙어있는 부위만을 엄선하여 품질을 최고의 가치로 생각하고 운영하고 있다.

(2) 경쟁력 있는 족발의 맛 ㈜CS컴퍼니 〈장모족발〉

〈장모족발〉 남들이 꺼려하는 일에서 영감을 얻고 불편한 것을 편하게 만드는게 창업의 출발점이었다면, 창업가 정신은 남들이 하고 있는 것을 모방하거나 유행성 아이템에 무임승차 하는 게 아니고, 실패할 것에 두려워하지 말고 끊임없이 도전하는 정신을 최고로 여

긴다. 그 과정에서 좋은 아이디어가 나오고 성공으로 나아가는 길이 열린다고 믿는 것이다.

〈장모족발〉 목표는 멋진 외식프랜차이즈 브랜드를 만드는 것으로 인천 용현동의 작은 족발집이 〈장모족발〉의 모태이다.

당시 구제역이 돌고 있을 당시 돼지구이 집들을 포함해서 족발집들이 어려울 때였지만 그는 위기를 기회로, 틈새시장을 공략한다는 생각으로 과감하게 족발집을 시작했다. 처음에는 삶아 놓은 족발이 팔리지 않았지만 그걸 오히려 기회라고 생각하고 시식행사를 실시하고 메뉴개발에 힘쓰며 입소문 전략을 꾀했다. 이러한 노력의 결과로 거짓말처럼 매일 손님들이 매장 앞에 줄을 서게 되고 작은 매장으로 더 이상 손님들에게 불편을 주기 싫어 더 넓은 매장을 열게 되었다.

〈장모족발〉의 명성이 알려지면서 예비창업자들이 찾아와 기술 전수를 요청했다. 전수창업 형태로 16개 매장을 내줬지만 그게 〈장모족발〉에게 좋지 않은 결과를 가져왔다. 매장 중 몇몇은 초심을 잃어버리고 맛 관리를 못해 고객들의 불만이 제기됐고 일부 매장은 본점이란 칭호를 사용하며 가맹점 모집을 하기 까지 했다. "시스템을 정비하지 않고 운영하면 브랜드가 흔들리겠다고 판단해서 기존 족발전문점의 트렌드를 앞서가는 제4세대 신개념 족발전문점으로 변화하기 위해 소비자 조사, 메뉴개발, 매장 운영시스템의 개선으로 '장모족발 시크릿레시피' 라는 브랜드로 리뉴얼을 했다. 위기 상황 때 주저 않고 변화를 꾀했던게 힘든 시기를 이겨내는 원동력이 되었던 것이다. 이를 통해 〈장모족발〉은 다시 일어설 수 있었다.

이곳 대표는 기본을 매우 강조한다. 가맹본사나 가맹점이 편하기 위해 맛을 포기하지 않겠다는 철학이다. 또한 위기를 기회로 삼는다. 창업을 하게 되면 누구나 위기는 반드시 찾아온다고 생각하는 차 대표는 구제역으로 족발사업이 제일 힘들 때 창업을 시작했지만 국내산 생족을 고집한 끝에 지금의 자리에 올랐다면서 위기일수록 기회가 온다고 강조한다. 더불어 차 대표는 겸손하려고 노력한다. 조금 매출이 좋아졌다고, 가맹점 수가 늘어났다고 사업초기의 초심을 잃어버리지 말자는 생각을 가장 중심에 두고 있다. 이는 대체로 주변의 성공한 CEO들이 사업초기에 성공했던 방식을 그대로 답습하다가 실패를 맛보거나 자만에 빠져 주변의 소리를 듣지 못해 실패하는 것을 많이 보아왔기 때문이다. 프랜차이즈 사업은 혼자만의 사업이 아니라 수많은 가맹점들과 함께 하는 사업이므로 자만하지 말고 겸손했던 초심을 지켜나간다면 치열한 창업시장에서 살아남을 수 있을 것이라고 여긴다.

특히 족발은 다른 아이템과 달리 점주의 마인드가 매우 중요하다. 3주 교육기간 동안 기초부터 족발 삶는 노하우 등 기술적인 교육 외에도 음식을 만드는 사람으로서의 자세, 고객과의 소통을 중점적으로 교육시킨다. 그래서 〈장모족발〉 점주들은 다들 성실하며 책임감이 강하고 항상 웃는 얼굴이 장점이다. 또한 족발은 원탕 관리가 매우 중요하므로 가맹점에서 정기적으로 보내주는 원탕 샘플을 대표 자신을 포함한 직원들이 일일이 맛을 보고 컨설팅을 해주고 있다. 모든 직원들이 매장에서 2~3년 이상 된 베테랑들이다. 직원 모두가 족발을 삶을 줄 알고, 썰 줄 알고, 배달 및 홀서빙도 잘한다. 각자 하나씩 꿈을 가지고 입사했기에 그 꿈을 이루기 위해 서로가 서로를 응원하는 조직 문화가 자연스럽게 형성 됐다. 이러한 에너지가 〈장모족발〉 가맹점들에게도 전달되어 함께 미래를 향해 전진하는 분위기를 만들어 가고 있다.

차 대표는 2016년에 〈장모족발〉의 하위 카테고리인 〈비어포차〉와 〈익스프레스〉도 출시시켰다. 또한 본격적으로 전국적인 홍보마케팅을 시작해서 〈장모족발〉을 사랑하는 고객들이 좀 더 편하게 드실 수 있도록 가맹사업도 강화해 우수가맹점 50개 이상을 만드는 것을 목표로 하고 있다.

3년이라는 짧은 기간에 이룬 대성공으로 〈장모족발 시크릿 레시피〉라는 제 4세대 신개념의 족발 전문점을 런칭하고 또 다시 대박 행진을 벌이고 있다.

족발의 '제4세대' '시크릿 레시피'의 반응이 폭발적으로 인천의 맛집 명소로 알려지면서 분점을 내달라고 사정하며 조르던 사람들의 배신과 분점을 넘어 오히려 본점 행세까지 하며 가게를 위기에 빠트린 가맹점들로 인한 이미지 손실을 이겨내고 새로운 개념의 제4세대 신상품을 3개월간의 숙성을 거쳐 완벽하게 탄생됐기 때문이다. 이로 인해 매출이 고공행진하고 있다. 가슴에 맺혔던 응어리가 언제인가 싶을 정도로 잊어버렸다. 인천의 끝자락 용현동에서 인기를 끌기 시작해 인천 전 지역의 맛집 명소로 유명세를 떨치고 있는 〈장모족발〉은 최근 새로운 개념의 제 4세대 족발전문점인 〈장모족발 시크릿 레시피〉가 폭발적인 인기를 끌면서 환한 미소를 되찾았다. $148.7m^2$(45평) 매장 규모에서 월 2억원 가까운 매출을 올리면서 족발의 새로운 맛집 명소로 거듭나고 있는 것이다. 이런 인기에 힘입어 자주 찾는 고객들로부터 가맹점을 내달라는 러브콜도 부쩍 늘고 있다. 현재 〈장모족발〉은 본점 외에 16개가 있다. 인천 지역에서는 최고의 족발 맛집과 명물로 인기를 독차지하고 있는 중이다. 이런 그가 최근에는 기존의 〈장모족발〉의 장점을 살리는 동시에 신상품 메뉴들을 크게 보완해 마련한 〈장모족발 시크릿 레시피〉를 내놓고 바람몰이를 하고 있다. 그것도 3년만의 대변신이어서 더욱 주목을 받고 있다. 한식은 변화가 더딘 외식 분야다. 전통을 강조하다보니 기존의 틀을 허무는 것이 쉽지 않기 때문이다. 그런데 그런 어려운 작업을 짧은 기간에 과감하게 현실화시킨 것이다.

점포 인테리어와 메뉴 그리고 족발의 현대화를 가치로 내걸로 제4세대 족발 전문점을 론칭한 것이다. 일명〈장모족발 시크릿 레시피〉가 탄생한 것이다. 현대식으로 완벽하게 재탄생한 '시크릿 레시피'는 맥주를 접목시킨 포차개념으로 사람들의 시선을 잡아끄는데 성공했다. 그리고 무엇보다 다른 족발전문점에서는 구경조차 할 수 없는 '셀프 탕 바'를 설치해 젊은 층들의 구미를 한층 당기게 구성했기 때문이다.

탕Bar는 짬뽕, 어묵탕, 국물떡볶이 등을 스스로 해 먹을 수 있도록 별도로 차려놓은 공간이다. 다시 말하면 안주 하나를 별도로 더 먹을 수 있도록 배려한 것이다. 또한 약 30여종의 수입맥주를 저렴하게 판매하는 동시에 최근 인기를 끌고 있는 스몰비어 메뉴를 보강해 고객들의 욕구를 최대한 반영하는데 심혈을 기울였다. 당연히 고객들의 반응은 격렬할 정도로 폭발적이다. 매출도 2배로 껑충 뛰었다. 가맹점을 내달라는 고객들의 주문도 앞 다퉈 쇄도하고 있다.

그동안 전수창업에서 파생된 문제로 마음고생을 너무 심하게 했다. 그래서 제 2 의 창업 수준으로 〈장모족발〉을 완전히 리뉴얼해 기존 본점은 유명한 맛 집으로 계속 운영하고 프랜차이즈 사업은 현대화 시킨 〈장모족발 시크릿 레시피〉로 진행시켜 나가고 있다. 반응은 폭발적이다. 아늑하고 깔끔하게 정리된 인테리어, 새로 도입한 저렴한 수입맥주, 별도의 안주인 탕 메뉴들, 업그레이드된 족발, 스몰비어 안주 등 많은 이들이 좋아하는 조건들을 모두 결집시켜 제 4세대 족발 전문점의 진수를 보여 준 것이다.

가맹점주들의 만족을 끌어올린 것으로 평가받고 있다. 〈장모족발 시크릿레시피〉 하루에 6번 삶아내는 국내산 족발을 사용한 다양한 메뉴들이 눈길을 끈다.

또한 이곳 대표는 점포에서 고객들에게 서빙하며 친분 관계를 유지하는 등 80% 이상이 단골고객이다. 고객들의 서비스 만족을 위해 직원도 3~4명의 여유 인원을 더 두어 운영한다. 포장고객만 해도 매출의 60%를 차지해 족발전문점의 특가 호재도 누리고 있다.

이밖에 〈장모족발 시크릿레시피〉는 기존 점포 외에 10평~15평의 익스프레스 점포를 론칭 해 테이크아웃과 배달전문점 점포 전개에도 주력해 나가고 있다.

(3) 따뜻한 족발에 불맛까지 더했다 〈불불이〉

최근 소비자들은 따뜻한 음식을 좋아한다. 차가워야 제 맛이라던 족발 역시 예외가 아니다. 언제부턴가 따뜻한 족발이 대세가 되었다. 여기에, 단순히 온기가 도는 족발을 넘어 숯불에 구워서까지 내놓는 곳이 있다. 쫄깃하고 야들야들한 족발에 임팩트 있는 '불맛'을 더한 〈불불이〉족발은 다른 업체에서 좀처럼 흉내 내기 어려운 〈불불이〉만의 비결이다.

〈불불이〉의 박홍민 대표는 19살 때부터 외식업에 발을 들여놓았다. 외식업 현장에서 오래 일했고, 창업을 시도하고부터 실패를 거듭해왔다. 2009년부터 불에 구운 족발로 재기에 성공했다. 처음에는 이자카야, 일본식 라면 같은 일식을 했는데, 다른 외식업체와의 차별성을 이끌어내기가 어려웠다.

그래서 생각해낸 것이 푸드-트럭이었다. 겸손한 자세로 더 경험을 쌓아야겠다는 결심이었다. 푸드-트럭을 3년 정도 운영하면서 여러 지역을 다니고 외식 트렌드를 관찰했다. 그러던 중에 가천대학교에서 축제음식을 준비하면서 불에 구운 족발을 시도했는데 반응이 의외로 좋았다.

구운 족발은 어쩌면 단순한 발상이었지만, 정작 족발을 맛있게 굽는 일은 상당한 기술과 인력이 필요했다. 다른 족발 브랜드가 양념을 개발하는 등 기존의 틀에 매여 있을 때 〈불불이〉는 족발 시장의 '패러다임'을 바꾸고자 했다. 다른 족발 업체들이 〈불불이〉를 따라 하기 시작했지만 고기 육즙의 손실을 줄이면서 불맛을 내기란 여간 어려운 일이 아니다.

이곳 대표는 가진 돈이 많지 않더라도 〈불불이〉를 통해 창업할 수 있도록 예비창업자들을 돕고 있다. 자신부터 어려운 과정을 통해 창업에 성공했고, 그래서 예비창업자의 마음을 누구보다 잘 알기 때문이다.

또 〈불불이〉는 소형 매장에서 무리 없이 운영하는데 주안점을 뒀다. 최근 리뉴얼되어 출점하고 있는 '레드라벨'은 넓이가 $49.59\,\text{m}^2$ (15평)이하에서도 매장 판매와 배달을 함께 할 수 있도록 설계한 모델이다. 이와 함께 충분한 매장 판매가 가능한 상권에서는 $99.17\,\text{m}^2$ (30평) 이상인 '블랙라벨' 모델도 적용하고 있다.

〈불불이〉는 인지도에 비해 의외로 매장 수가 많다. 50여개에 이

르는 가맹점이 수도권뿐만 아니라 지방에도 고르게 퍼져있다. 지방
에 사는 사람들이 맛이 좋다고 소개하는 지인을 따라 〈불불이〉를
접하고는 가맹계약을 요청하다보니 지방 매장이 꽤 많아진 것이다.
6년 전에 법인을 세운 박 대표는 첫 2년간 전수창업만 했고 가맹사
업을 시작한지는 4년 정도 됐다. 서울 시흥동에서 시작한 작은 족발
음식점이 오래지 않아 연 매출 10억 원을 달성하면서 ‘대박’을 쳤
지만 가맹사업을 바로 시작하지는 않았다. 트렌드를 따라가다가 일
식 요리집을 접었던 기억에 기본에 충실하고자 하는 생각이 앞섰던
까닭이다. 그는 대형 프랜차이즈가 되고자 하는 생각이 없었다. 하지
만 전직이 무엇이건 간에 나를 버리고 다시 시작하겠다는 사람이 찾
아오면 거절할 수가 없어 멀리 떨어진 지방이라도 적절한 전수비용
만을 받고 도와줬다. 그런데 전수창업을 해 준 매장들이 사후관리가
되지 않으면서 자연스럽게 프랜차이즈 사업을 하게 된 것이 겉으로
보이는 음식은 큰 차이가 없었지만, 재료가 떨어지면 초저녁에도 문
을 닫는 〈불불이〉 본점만의 시스템을 올곧게 전달되지 않았기 때문
이다.

이제 〈불불이〉는 활발한 마케팅을 통해 브랜드 인지도를 높이고
본격적인 가맹사업을 하고 있다. 또한, 족발만이 아닌 다른 여러 음
식으로 사업 영역을 넓이고자 ‘불불이 족발’ 상표에서 ‘족발’을

지웠다. 어떻게 보면 '제 2의 창업'을 선언한 셈이다. 이를 위해 외식업계 경험이 풍부한 팀장급 인력과 디자이너 등이 새 식구가 되어 들어왔다.

이곳 대표는 족발이 잘 된다고 해서 권역이 겹치도록 지나치게 많은 가맹점을 만들지 않고 유행을 타지 않는 다른 유형의 프랜차이즈 브랜드를 개발하고 혼이 담긴 매장을 하나씩 만들어 직원들이 우선적으로 운영하도록 기회를 넓히겠다는 것을 최대 사명감으로 삼고 있다.

(4) 직화구이 양념족발 창업자에게 인기 〈리틀족발이〉

〈리틀족발이〉는 15년의 프랜차이즈 운영 노하우를 보유한 ㈜아이비스글로벌의 두 번째 브랜드다. '대한민국 첫 번째 양념족발'이라는 콘셉트로 지난 2012년 논현동에 직영점을 오픈하고 1년여의

운영기간을 거친 후 2013년 가맹사업을 시작했다. 더불어 특별한 맛에 어울리는 카페형 인테리어 등 스타일리쉬한 아우르는 독창적인 인테리어는 고급화되고 트렌디한 복합문화공간의 역할도 하고 있다.

〈리틀족발이〉는 특화된 양념족발로 손쉬운 단골 확보 및 높은 재방문율을 기록하고 있다.

'대한민국 첫 번째 양념족발' 이라는 슬로건을 내세운 〈리틀족발이〉는 자체 개발한 직화구이 양념족발을 선보이며 인기를 끌고 있는 이색 족발전문점이다. 리틀족발이를 운영하는 ㈜아이비스글로벌은 3년간의 준비단계와 1년 반의 직영점 운영을 거친 후, 지난 2013년 본격적으로 가맹사업을 시작했다. 벌써 전국에 40여 개의 가맹점을 이끌며 소비자와 예비창업자 사이에서 빠르게 입소문을 타고 있다.

리틀족발이가 이처럼 빠른 시간 안에 가맹점포를 넓힐 수 있었던 데에는 차별화된 메뉴가 큰 몫을 했다. 아이비스 푸드 R&D센터에서 다년간의 연구개발을 통해 탄생시킨 양념족발은 차게 식힌 수육·편육 형태의 왕족발 혹은 미니족 등이 전부였던 족발업계에 신개념의 족발 요리로 새 패러다임을 제시했기 때문이다. 한입크기로 깔끔하게 즐길 수 있는 리틀족발이 양념족발의 핵심은 차별화된 '소스'다. 청양고추로 화끈한 맛을 낸 레드양념, 간장·마늘 등을 베이스로 한국인 입맛에 잘 맞는 블랙양념, 매콤달콤한 허니블랙양념 등 고객

취향에 따라 선택할 수 있는 다양한 비법소스를 선보이고 있다. 다른 곳에서 맛보기 어려운 독보적인 소스 덕분에 리틀족발이는 기존의 족발마니아는 물론 족발을 선호하지 않던 젊은 층 및 여성, 어린이고객의 입맛까지 사로잡고 있다.

〈리틀족발이〉는 전문 조리사 없이도 전 매장에서 동일한 맛과 일정한 퀄리티를 유지할 수 있는 원팩시스템을 운영 중이다. 양념족발은 수차례 삶아 핏물을 완전히 제거한 장족에 허브, 한약재, 과일 등 각종 천연재료를 첨가해 초벌로 삶은 후, 다시 불순물과 잡내를 제거하는 과정을 거친다. 이후 개별 수작업으로 먹기 좋게 조리된 족발은 원팩 포장 상태로 가맹점에 공급된다. 팩에서 꺼낸 족발을 직화로 구운 후 양념으로 마무리하는 것까지 3~4분 만에 누구나 손쉽게 수준 높은 맛을 구현할 수 있다. 직화구이 과정을 통해 풍미가 더해지고, 더욱 쫀득하고 따끈한 족발을 제공하는 것이 리틀족발이 맛의 비결이다. 즉 대다수 족발 업체가 OEM 방식으로 족발을 공급하는 것과 달리, 경기도 구리에 위치한 자체 생산공장을 통해 보다 위생적이고 안전한 먹거리를 생산·관리하는 것이 〈리틀족발이〉의 경쟁력이다.

빠르게 변화하는 고객니즈와 외식트렌트를 반영해 다채로운 메뉴를 갖추고 있는 것도 주목할 만하다. 수육족발과 양념족발을 한번에 즐길 수 있는 반반족발, 냉채족발, 보쌈 외에도 매운등갈비찜, 매콤 닭강정, 해물계란탕 등 다양하게 구성했다. 족벌전문점에는 야식 혹은 안주용 족발만 있다는 편견을 깬 〈리틀족발이〉는 다양한 연령층이 함께 맛있는 족발요리를 즐기는 레스토랑이자 트렌디한 복합문화 공간을 지향한다.

탄탄한 본사지원시스템으로 경쟁력을 키워가는 〈리틀족발이〉는 교육부터 홍보마케팅까지 체계화한 전천후 본사지원시스템을 사전에 완비한 후 가맹사업을 시작했다. '선-교육, 후-오픈'을 실천하는 〈리틀족발이〉는 분야별 전문강사로 구성된 실전 교육시스템은 도입, 매장관리 실무사례를 중심으로 맞춤교육을 진행하고 있다. 또한 가맹점주의 든든하고 안전한 창업파트너로서 창업 자금 지원 대출시스템을 갖추고 있다. 본사 아이비스글로벌이 IBK기업은행의 패밀리기업으로 선정돼 최대 7000만 원까지 창업자금을 대출받을 수 있다. 브랜드 론칭과 함께 꾸준히 진행해온 홍보마케팅 역시 리틀족발이의 강점이다. TV방송, 신문, 라디오를 활용한 브랜드 홍보, 지역상권에 적합한 점포마케팅, 그리고 상시 프로모션 등 온·오프라인을 아우르는 마케팅지원은 현 가맹점주들의 만족도와 브랜드 인지도를 높이는 요인이 되고 있다.

특히 ㈜동원홈푸드와 식자재 물류공급 계약을 체결하여, 갓 삶은 최고상태의 족발을 하루 안에 전국으로 유통하는 '전국 당일 배송 시스템'을 실현하게 된 것도 강력한 경쟁력이 된 것이다. 아이비스 글로벌은 자체 생산 공장에서 직접 생산하고 가공한 식자재를 매일 공급, 족발의 맛과 신선도를 더욱 향상시킬 뿐 아니라 가맹점 입장에서 재고에 대한 우려도 줄어들 어 일석이조의 경쟁력을 갖췄다.

(5) 오븐에 구운 건강식 바비큐 족발·보쌈 전문점 〈정석통바베큐족구이〉

2009년 첫 선을 보여 현재 60개의 가맹점을 이끌고 있는 〈정석통바베큐족구이〉는 술안주나 야식으로만 인식되던 족발에 매콤한 바비큐 양념과 오븐을 접목해 좀 더 젊고 대중적인 메뉴로 재탄생시킨 브랜드이다. 미니족을 주로 사용하는 양녀족발과 달리 살코기가 포함된 장족만 엄선해 남녀노소 모두에게 인기를 얻고 있다.

족발은 콜라겐이 풍부해 건강식으로 통하지만 차게 식혀 쫀득하게 먹거나 미니족을 매콤하게 양념해 즐기는 것이 전부였다. 때문에 아이들이나 젊은 여성들 중에는 족발을 선호하지 않는 사람들도 많았던 것이 사실이다. 이러한 족발의 한계를 깨고 트렌디하게 변신한 족발을 선보이며 남녀노소 모두에게 인기를 끌고 있는 곳이 바로 〈정석통바베큐족구이〉다.

〈정석통바베큐족구이〉는 국내 최초로 양념 바비큐 족발을 선보이며 이름을 알리기 시작했다. 살코기 부분이 포함된 장족에 매콤한 바비큐 양념을 더해 오븐에 구운 메뉴로 족발의 새로운 맛을 전파하고 있는 것이다. 흔히 매운 족발이라고 하면 미니족에 매콤한 양념을 한 요리를 상상하지만 이곳에서는 살코기가 많은 장족에 매콤한 바비큐 양념소스를 발라 오븐에서 조리하기 때문에 기존에 맛볼 수 없었던 특별하고 고급스러운 맛을 선보이는 것이다. 특제 소스는 순한맛, 매운맛(기본맛), 아주매운맛 중 취향에 따라 선택할 수 있으며, 족발의 쫄깃한 식감과 잘 어우러져 입맛을 당긴다. 족발 외에 보쌈도 맛 볼 수 있는데 보쌈 역시 특제 소스를 발라 오븐에 굽기 때문에 전통적인 보쌈과 달리 퓨전화된 새로운 맛을 즐길 수 있다.

〈정석통바베큐족구이〉는 본사에서 수입, 가공, 생산, 물류 등 전 과정을 수직계열화해 원가경쟁력을 확보하고 모든 메뉴의 품질을 최상위 수준으로 동일하게 유지하면서 가맹점 마진을 최대한 보장하고 있다.

또한 홀 서비스, 테이크아웃, 배달 등 다양한 판매방식, 고급스러운 인테리어, 다양한 메뉴와 간단한 조리 시스템, 철저한 위생과 품질관리 시스템으로 고객들에게 청결한 환경을 제공하고 고급스러운 이미지를 심어준다. 이와 함께 신규창업자들을 위한 실질적인 혜택도 지원하고 있는데 창업비용에 불필요한 거품을 빼고 실속 있는 창업지원을 위해 본사에서는 2000만~3000만 원의 소자본으로도 창업이 가능하도록 돕고 있다.

〈정석통바베큐족구이〉의 통족구이는 생산 공장에서부터 진공포장 상태로 공급이 되기 때문에 주방에서의 복잡한 조리과정이 필요 없어 주방장 없이 부부끼리도 충분히 운영이 가능하다.

(6) 착한족발·보쌈 전문점 〈미스터쫀득이〉

〈미스터쫀득이〉는 25년 전통을 지닌 대원족발에서 그동안 쌓은 노하우를 바탕으로 새롭게 리뉴얼한 족발 전문점이다. 팔각, 정향, 계피, 생각, 구기자, 마늘 등 몸에 좋은 갖가지 약재들을 넣어 기름

을 뺀 족발에 떡볶이, 샐러드, 월남쌈 등을 결합한 이색메뉴를 선보여 남녀노소에게 인기를 얻고 있다. 또한 야간, 테이크아웃, 배달 매출 등에 한정돼 있던 족발 전문점의 단점을 보완해 점심 메뉴로 본사에서 직접 사골을 고아 만든 순대국, 보쌈 정식을 선보임으로써 수익을 극대화해 눈길을 끈다. 뿐만 아니라 전국돈족유통협회 회장사로 전국적 네트워크망을 구축, 연간 돈족 2500톤 이상을 생산·가공해 전국 100여 개의 업체에 공급하고 있으며, 가맹점에도 경쟁력 있는 가격으로 안정적인 공급에 힘쓰고 있다.

론칭한 〈미스터 쫀득이〉는 25년간 육가공 제품을 생산 및 공급한 본사의 오랜 전통과 노하우에 트렌디한 젊은 감각을 더한 신개념의 족발 전문점이다. 과일과 채소로 맛을 낸 비법육수에 국내산 생족을 사용해 만든 족발은 은은한 풍미에 쫀득함을 더한 것이 특징이다.

이곳의 핵심 경쟁력 중 하나는 족발을 다양하게 즐길 수 있도록 한 메뉴구성이다. 족발에 채소와 과일을 넣어 라이스페이퍼에 사먹는 '월남쌈 족발'은 특허 출원 중이며, 이외에도 떡볶이 족발, 샐러드 족발 등 까다로운 젊은 층의 입맛을 공략한 개성 넘치는 메뉴구성으로 고객들에게 사랑받고 있다. 가장 평범한 족발메뉴 역시 5종의 소스와 함께 제공해 족발은 새우젓에 찍어먹어야 한다는 선입견을 버리고 색다르게 즐길 수 있도록 했다. 이 같은 메뉴 경쟁력

덕분에 〈미스터 쫀득이〉의 경우 6:4의 비율로 여성고객의 성비가 높은 편이다.

〈미스터 쫀득이〉는 프랜차이즈 시스템에 있어서 가맹점에서 원하는 대로 납품방식을 결정할 수 있도록 한 것도 강점이다. 족발 프랜차이즈는 크게 전수방식을 통해 매장에서 생족을 직접 삶아 제공하는 방식과 당일 배송을 기본으로 완제품을 본사에서 공급받는 방식으로 나뉘는데, 〈미스터 쫀득이〉의 경우 두 가지 방식 모두 활용 가능해 가맹 매장의 특성에 맞춰 납품방식을 선택토록 하고 있다.

〈미스터 쫀득이〉의 모회사가 300여개의 회원사를 이끌고 있는 전국돈족유통협회이자 연간 2,500톤 이상의 원육을 직접 가공 생산하고 공급하는 물류 인프라를 보유하고 있다.

이 덕분에 좋은 원료를 신선하고 빠르게 가공하고 유통까지 원스톱으로 진행할 수 있는 것이 강점이다.

〈미스터 쫀득이〉는 가맹점의 수익구조 강화를 위해 점심에는 순대국밥 및 보쌈 정식 등의 메뉴를 개발해 판매하고 있다. 이 역시 본사에서 직접 사골을 고아 만든 육수와 순대 등을 일괄 배송해 매장에서는 간편하게 데워서 제공하면 된다. 또 한정된 영업시간과 제한된 업장 규모를 보완할 수 있도록 테이크아웃, 배달 비율을 높여 수익구조의 극대화를 꾀하고 있다.

족발은 맛만 있다면 먼 곳을 찾아가서라도 먹는 메뉴다. 이 말은 족발 전문점이 메뉴 경쟁력만 확실하다면 입지의 영향을 덜 받을 수 있어 창업에 아주 유리한 아이템이라는 뜻이다.

최근 유행하고 있는 다양한 콘셉트의 족발 전문점에 대해 결국 성패를 결정짓는 가장 중요한 핵심은 '맛'이다. 최근에는 족발을 식혀서 차갑고 쫀득하게 먹는 것보다 갓 삶아 따뜻하고 부드러운 족발이 각광받고 있는 만큼, 육류가 부드러우면서도 최적의 상태를 유지할 수 있는 노하우를 가지고 있는 족발 브랜드를 선택하는 것이 유리하다. 따라서 전수노하우를 가지고 있는 족발 브랜드를 선택하는 것이 유리하고, 전수 창업, 매장조리방식, 완제품 방식 등 다양한 운영방식 중 매장 환경과 더불어 예비창업자가 가장 우선순위로 두는 것에 맞춰 운영방식을 선택해야 한다.

족발 프랜차이즈가 최근 창업시장에서 주목받고 있는 만큼 아이템 롱런에 대한 시장 전망 역시 의견이 분분하다.

〈미스터쫀득이〉는 대중성은 검증된 아이템인 만큼 탄탄한 내실을 갖춘 브랜드로 롱런할 것으로 평가받고 있다.

족발은 맛에 대한 고객 기대치가 생각보다 높기 때문에 진입장벽이 높은 창업 아이템으로 검증된 브랜드를 선택해서 인테리어, 서비스, 브랜드 콘셉트 등에서 차별화를 꾀하는 것이 필요하다.

2. 보쌈 프랜차이즈 브랜드

1) (주)놀부NBG〈놀부보쌈〉

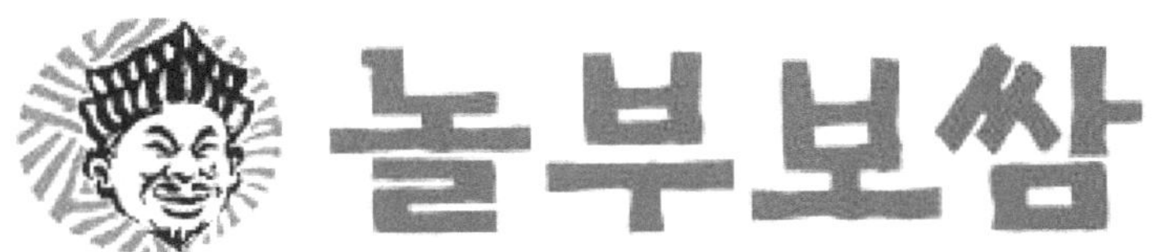

(1) 브랜드 및 상품특징

회 사 명　：(주)놀부NBG〈놀부보쌈〉

대 표 자　：김영철

전　　화　：1899-4891

주　　소　：경기도 성남시 중원구 도촌로8번길 30

홈페이지　：http://www.nolboo.co.kr

회사설립일 : 1990년 01월

① 상품특징 및 장점

유산균이 함유된 수육과 젤라틴 족발, 웰빙 컨셉을 더한 건강한 식재료 사용만을 약속한다.

② 브랜드 컨셉

세월의 향기가 멋을 더하는 따뜻한 분위기, 편안함과 화목함 속에서 나누는 보쌈 한 점.

(2) 가맹조건 및 계약 내용

점포수	가맹조건
1003	가맹비: 750 교육비: 500 인테리어: 4650~10850 기타: 간판, 주방오븐, 식기, 디스플레이

(3) 차별화 및 경쟁력

① 시스템 경쟁력

예비창업자를 위한 창업전략 연구소의 운영으로 창업 정보를 제공하며 기초적인 음식조리와 정선이 되어서 공급된다.

② 출점전략 경쟁력

지속적인 개발과 경험을 통한 신메뉴 개발, 기존 매장의 개선과 새로운 콘셉트 매장 활성화 등에 주력하며, 시장 세분화를 통한 상권에 알맞은 점포입점의 3~4가지 타입으로 점포를 전개한다.

③ 메뉴 경쟁력

자체개발한 마늘소스로 맛을 더 끌어올린 화덕족발과 다양한 연령층을 위한 세트메뉴 구성.

(4) 브랜드 특징 및 영업전략

(주)놀부NBG 〈놀부보쌈〉은 25년 숙성 기술로 만든 보쌈김치, 약선김치, 무절임김치에 대한 자부심이 대단하다. 그도 그럴 것이 보쌈에서 '김치'는 결코 빼놓을 수 없는 주연 역할을 하기 때문이다. 맑고 깨끗한 강원도 해남, 제주도 산지에서 재배된 국내산 배추만을 사용해 HACCP 관리 기준에 의해 위생적이면서도 안전한 먹을거리 문화를 선도해 놀부만의 노하우를 더하고 있다. 특히 약선김치의 경우 여러 가지 천연재료를 첨가해 만든 웰빙 김치로 일반 김치나 요구르트보다 유산균 함유량이 2배 이상 높아 장 기능을 좋게 한다. 또한 업계 최초 로하스 인증 획득과 최첨단 김치 공장에서 유해물질 제거 및 철저한 안정성 검증시스템을 통한 HACCP 인증을 통해 콜드체인 시스템을 장착한 물류네트 워크로 전국 매장에 납품해오고 있다. 제품 퀄리티와 체계적인 물류망의 경쟁력에 자부심을 갖는 〈놀부보쌈〉은 갈수록 원가 상승과 대안 품목 아이템이 외식시장을 강타하고 있는 가운데 우위를 점하는 브랜드 차별화로 시장을 선점

해 가고 있다.

〈놀부보쌈〉은 예비창업자를 위해 창업전략연구소의 운영으로 창업 정보 제공을 위해 주력하고 있다. 점포개발 전문가들을 통한 상권 및 입지분석, 예상매출 분석을 통한 점포 엄선, DB화(점포관리 시스템 구축), 주택의 중심가상권, 오피스 상권, 대학가 상권, 기타 국내 주요 상권 등 콘셉트에 맞는 정확한 정보 제공과 오픈에 주력하고 있다. 더불어 R&D사업개발팀의 외식 전문가 집단에 의한 브랜드 콘셉트, 식재료 선정부터 시장조사, 상품기획, 메뉴 개발, 인테리어 등에도 주력하고 있다. 또한 전국 가맹 점주들에게 스마트폰을 이용한 별도 시스템을 통해 식재료 상태에 대한 실시간 리포트를 제공하기도 한다. 미래전략마케팅팀은 최근 고객들 트렌드가 갈수록 따라잡기 힘들 정도로 그 속도가 빠르게 변화하고 특히 고객들이 끊임없이 새로운 것을 추구하기 때문에 그만큼 똑똑한 고객이 늘고 있는 것이다. 이는 스마트폰, SNS 등의 효과로 인식 되며 외식업계에 종사하는 이들 또한 더욱 합리적인 가격과 양질의 제품을 창출하기 위해 노력하고 있음을 강조한다. 최근엔 부쩍 프랜차이즈 시장과 카페시장의 포화로 보쌈과 족발 아이템이 한국적이고 대중적인 만큼 신규 창업자들에게 새로운 대안이 될 것으로 기대하고 있다.

이러한 기대에 부응하기 위해 〈놀부보쌈〉의 경우 기초적인 음식

조리, 정선이 되어서 공급되므로 통일된 품질과 간단하고 쉬운 조리 과정만으로 고객 서비스가 가능한 장점을 갖추고 있다. 특히 주방에 전문 주방인원이 필요 없다는 점에서 경쟁력이 높다. 즉, 누구나 쉽게 배우고 영업이 가능한 것을 장점으로 꼽는다. 이는 가맹점관리의 과학적, 체계적인 경영 지도를 하고 있는 것이 특화돼 있기 때문이다. 아울러 지속적인 신 메뉴 개발과 고객들이 브랜드를 반복적으로 인식할 수 있는 장점과 신규 및 재방문이 꾸준히 이루어질 수 있도록 브랜드, 마케팅 활동을 끊임없이 진행하고 있는 것이 중요한 포인트로 한몫 하고 있다. 아울러 예비창업자와 기존 가맹 점주들의 고객의 마음을 잡는 서비스, 좋은 품질의 음식 제공, 고객의 시선을 잡을 수 있는 프로모션 등이 주요한 성공 포인트로 어필하고 있다. 또한 〈놀부보쌈〉은 10년 전 가격 메뉴의 지속적인 개발을 통한 경험을 통해 고객 확대와 신 메뉴 개발, 기존 매장의 개선과 신 콘셉트 매장 활성화 등에도 주력하고 있다. 아울러 시장 세분화를 통한 상권에 알맞는 점포입점의 3~4가지 타입으로 점포 전개를 해나가고 있다. 더욱이 (주)놀부NBG은 최근 새로운 콘셉트의 족발 브랜드 런칭으로 인기를 얻고 있다.

놀부보쌈의 족발은 마늘향이 냄새를 없애 감칠맛을 더해 준다. 때문에 마니아층이 많다. 화덕에서 구운 화덕피자 또한 빼놓을 수 없는 인기 메뉴다. 그 동안 고르곤졸라 피자만 판매했지만 페페로니, 하와이안, 스노우갈릭, 베이컨 체다치즈 등 신메뉴 4종을 추가로 출시했다.

(주)놀부NBG는 〈더(The)놀부족발 화덕구이〉 런칭 후 현재 서울 방이점, 구의점, 대구 수성동을 중심으로 현재 10여개의 매장이 새롭게 오픈하여 운영 중이다. 이어 기존의 브랜드의 피해를 최소화하면서 차별화된 메뉴를 개발하기 위해 노력하고 있으며, 한 해 100개의 매장을 목표로 하고 있다. 〈더(The)놀부족발 화덕구이〉는 현재 20명의 창업전문가의 도움으로 창업설명회를 활발하게 진행하고 있다.

프랜차이즈 브랜드 순위에서 늘 높은 순위를 차지하는 (주)놀부NBG의 브랜드들이 한식 브랜드라는 점에서 더욱 놀랍다. (주)놀부NBG는 1987년 5평 넓이의 매장에서 시작해 현재는 총 7개의 외식 브랜드를 가진 기업이 되었다. '놀부' 라는 이름은 흥부와 대비되어 상반된 이미지를 가지고 있기 때문에 고객에게 '왜?' 라는 궁금증을 일으킨다. 사실 '놀부' 라는 이미지는 좋은 느낌이 아니기 때문에 한 번 들으면 오래 기억할 수밖에 없다.

'놀부가 착한 일도 하네!' 라는 재미있는 스토리를 만들어가는 것도 그 이유다. 순 우리말로 브랜드 네이밍을 했다는 것도 독특한 점이다.

2) 원할머니 보쌈·족발

(1) 브랜드 및 상품특징

회 사 명　：원할머니 보쌈·족발

대 표 자　：박천희

전　　화　：1588-3300

주　　소　：충남 천안시 서북구 번영로 725 (업성동 167)

홈페이지　：http://bossam.co.kr/

회사설립일：1975년

① 상품 특징 및 장점

따뜻한 돼지고기와 아삭한 김치, 최첨단 공장을 이용한 위생적인 고품질 식자재만을 공급한다.

② 브랜드 컨셉

40여년이 흐른 지금도 변함없이 원할머니 보쌈·족발, 세대를 이어가는 정통의 맛의 보쌈·족발 전문 브랜드.

(2) 가맹조건 및 계약 내용

점포수	가맹조건
278개	가맹비: 5000 교육비: 5000 보증금: 3000 기타: 간판, 주방오븐, 식기, 디스플레이

(3) 차별화 전략 및 경쟁력

① 시스템 경쟁력

첨단 생산공장을 통해 고품질 식자재만을 공급하며 질 좋은 원부재료를 사용하여 김치, 족발부문 HACCP지정.

② 출점전략 경쟁력

식재의 신선함을 매장의 고객테이블 까지 유지하기 위한 철저한 유통관리 시스템을 유지한다.

③ 메뉴 경쟁력

품질 좋은 돈육만 엄선하여 만든 야들야들하고 기름기뺀 보쌈고기와 깐깐하게 검수하고 깨끗하게 삶아 신선하고 부드러운 맛.

(4) 브랜드 특징 및 영업전략

할머니의 손맛을 잇는 보쌈과 족발 정통의 맛을 자랑하는 〈원할머니보쌈·족발〉. 이 브랜드는 1975년 작고 소박한 할머니집이 그 시발이다. 42년 탄탄히 쌓아온 노하우로 누구도 흉내 낼 수 없는 오리지널 보쌈고기와 김치의 맛을 자랑한다. 특히 '세대를 이어가는 정통의 맛' 이라는 캐츠프레이즈답게 보쌈과 족발 브랜드로 올라서는 원동력이 되었다. 그 이면에는 고객의 건강을 생각하는 조리법과 메뉴개발, 양질의 원부재료 사용에서 그 진가를 찾을 수 있다. 〈원할머니보쌈·족발〉은 내공을 살려 족발 브랜드인 〈족발중심〉까지 선을 보이고 있어 향후 귀추가 주목된다. 보쌈의 정석이라 불릴 만한 〈원할머니보쌈·족발〉. 친환경, 안전한 먹거리를 추구하며, 보다 젊고 건강한 브랜드로 거듭나고 있다. 이 브랜드는 청계8가에서 시작해 42년간 고객들로부터 꾸준한 사랑을 받고 있다.

보쌈과 족발을 취급하는 브랜드는 많지만 〈원할머니보쌈·족발〉처럼 한식 프랜차이즈 브랜드로 오랜 시간 내공을 다져온 브랜드는 드물다. 직영점 1개, 가맹점 277개를 확보해오며 따듯한 돼지고기와 아삭한 김치로 고객들 입맛을 사로잡았고, 1991년부터는 본격적으로 가맹사업에 돌입하여 2004년에 영호남지역에 가맹점을 잇달아 개설하면서, 전국적으로 이름을 알렸고, 2011년 10월에는 중국 칭따오에 해외진출 1호점의 깃발을 꽂았다. 이어 2012년 5월에는 중국 티엔타이점 2호점을 런칭해 중국에서 보쌈의 진수를 보이고 있다. 〈원할머니보쌈·족발〉은 품질 좋은 돈육만을 엄선해 만든 야들야들하고 기름 쏙 뺀 담백한 보쌈고기와 신선한 식재료를 사용해 담근 특허 받은 보쌈김치 등으로 브랜드의 자존심을 지켜오고 있다. 보쌈 브랜드로서 고객들에게 인지도가 높은 만큼 차세대 고객들에게도 어필하기 위해 젊은 모델을 기용하는가 하면 꾸준한 메뉴개발로 보쌈과 족발의 대중화에 주력해오고 있다.

〈원할머니보쌈·족발〉은 수십 년간 육류 유통 노하우를 축적해오면서 고품질의 육류를 저렴하게 구매할 수 있는 다양하고 합리적인 유통채널을 확보하고 있다. 최신식 시설과 위생설비를 갖춘 천안본사에서 직접 가공, 생산 공정을 거쳐 식자재를 공급함으로써 유통과정상의 원가상승 요인을 대폭 줄이고 있다. 〈원할머니보쌈·족발〉은 역세를 낀 아파트밀집상권의 가족단위 외식에 주력하고 있으며, 휩쓸린 트렌드에 부합하지 않는 안정적인 브랜드로서 그 역량을 다져오고 있다. 본사의 탄탄한 운영매뉴얼과 메뉴관리는 특별한 기술이나 아이템이 없는 초보창업자들에게 원활한 창업과 운영을 도모할 수 있도록 자신감을 주고 있다. 보쌈은 아이템 특성상 건강식, 가족외식 아이템으로 소구되면서 한번을 먹어도 위생적인 전문점에서 즐기고자 하는 고객 욕구가 강하다. 때문에 향후 브랜드 경쟁력이 없는 하위 브랜드 간 양극화가 점점 심화될 것이다. 아울러 족발시장은 기존 족발 고객이 아닌 젊은 고객층을 중심으로 새로운 콘셉트의 족발 메뉴를 출시하면서 급격한 확산 추세에 있다.

창업을 계획하는 사람은 모두 확실한 성공을 꿈꾼다. 누구나 어렵사리 창업자금을 마련, 퇴로 없는 전선에 나서는 입장이다. 오랜 세월 곁눈질 하지 않고 외길을 걸어온 프랜차이즈 본사, 언제나 균일하고 신선한 식자재를 공급하는 탄탄한 기반을 갖춘 본사, 소비자들의 뇌리에 뚜렷이 각인돼 있는 브랜드를 찾는다면 2015년 창사 40주년을 맞은 원앤원주식회사는 위와 같은 조건을 갖춘 몇 안 되는 외식 프랜차이즈다. 원앤원은 1975년 청계천8가에 원할머니보쌈집을 연지 33년만인 지난 2008년 두 번째 브랜드 '박가부대찌개' 도 론칭했다.

국내 외식 프랜차이즈 업체 가운데 찾아보기 어려운 사례다. 원할머니보쌈 가맹1호점을 연 것도 1991년이다. 이 또한 창업 16년만의 일이다. 그동안 청계천 원할머니보쌈집은 연일 대기 손님으로 긴 줄이 만들어졌다. 일찌감치 프랜차이즈에 욕심낼 법도 했지만 20년 가까이 기다렸다. 모든 가맹점에서 본점과 같은 맛을 낼 수 있는 방법을 찾아야 했기 때문이다. 오랜 연구 끝에 '김치숙성지연기술' 개발에 성공했고 그제야 원유통을 설립, 가맹사업을 시작한 것이 이와 같은 노력의 결과는 가맹점 성공으로 이어졌다. 가맹 1호점인 안산

상록수점은 24년이 지난 지금까지 문전성시를 이루며 영업 중이다.

원앤원은 예비창업자에게 원할머니보쌈, 족발의 40년 성공 노하우로 '믿는 창업'의 길을 제시한다. 간편 조리 시스템으로 부부, 여성, 퇴직창업자 모두에게 '쉬운 창업'을, 점심과 저녁 메뉴의 이원화와 빠른 테이블 회전으로 이모작이 가능한 '되는 창업'을, 콘셉트를 살린 외식 브랜드로서 '성공창업'을 보장한다. 원앤원은 외식경영 브랜드로 Fast Food, Quick Service Restaurant, Full Service Restaurant 등 3가지 콘셉트를 제시한다. 빠르면서도 고객이 입장할 때부터 식사를 마치고 나간 후에도 만족할 수 있는 최상의 서비스를 제공한다. 특히 외식업의 핵심은 철저히 고객과 시장 지향적이어야 한다는 원칙을 고수한다. 공급자 위주의 사고방식과 제품은 시장에서 결코 성공할 수 없다. 이 같은 관점에서 외식업을 본다면 '맛있어서 잘 팔리는 것이 아니라, 잘 팔리는 것이 맛있는 요리다' 라는 사이제리아의 전략에 공감하게 된다. 사이제리아는 긴 불황의 터널을 지나고 있는 일본에서 대성공을 거둔 이탈리아 레스토랑 브랜드를 칭하는 말이다. 사이제리아는 파격적인 가격에 높은 수준의 메뉴를 제공하여 일본의 국민 레스토랑으로 자리 잡은 데서 기인한다.

원앤원은 시시각각 변화하는 소비자 트렌드에 맞춰 '가성비' (가격 대비 품질) 높은 아이템 발굴과 효율적인 조리방법 개발, 적정한 운영 아이템의 조절, 식재료 관리, 합리적인 가격 전략을 제시한다.

또 맛의 유지를 위한 매뉴얼 작성, 생산성 향상을 위한 작업의 단순화, 편의 도구의 개발, 직원 다기능화의 여부 등에 따라 가맹사업을 전개한다. 이를 통해 모든 가맹점의 성공은 물론, 소비자가 얻어가는 가치까지 높이고 있다. 특히 철저한 원가관리를 통해 가맹점에게 돌아가는 이익을 확보하기 위한 다양한 매뉴얼을 갖추고 있다. 프랜차이즈 사업의 성공 여부는 본사가 얼마나 효율적인 표준 매뉴얼을 보유하고 있느냐에 따라 좌우된다. 처음 외식업을 시작하는 창업자라도 본사의 매뉴얼만 준수할 뿐만 아니라 뛰어난 맛을 낼 수 있어야 한다.

또 한결같은 맛을 유지하는 것도 중요하다. 이는 표준 매뉴얼과 중앙 공급형 식자재물류 체계가 있어야 가능하다. 원앤원은 지난 2007년 콜드체인 시스템을 갖춘 천안본사 식품공장을 준공했다. 이곳에서 전국 각 지방의 가맹점에서 사용할 식재료를 공급한다.

2011년 론칭한 커피에투온과 2013년 론칭한 이트피자, 모리샤브, 툭툭샐러드바, 잇델리앤카페, 족발중심 등 각 브랜드 가맹점에서 사용하는 식재료를 가공, 조달한다. 원앤원은 가맹점의 성공을 위한 다양한 솔루션을 구축, 기존 가맹점과 예비창업자 지원에 만전을 기한다.

3) 돈통마늘보쌈

(1) 브랜드 및 상품특징

회 사 명　：돈통마늘보쌈

대 표 자　：이규운

전　　화　：1688-7833

주　　소　：경기도 파주시 문산읍 선유리 297-11

홈페이지　：http://www.dontongbossam.com/

회사설립일：1992년

① 상품 특징 및 장점

한약재와 천연재료만을 사용한 돈통만의 시즈닝으로 삶은 보쌈고기와 파워&슈퍼푸드인 생마늘로 만들어진 마늘소스.

② 브랜드 컨셉

건강까지 생각하는 맛있는 보약 보쌈과 웰빙 트렌드 반영한 이색 족발 메뉴.

(2) 가맹조건 및 계약 내용

점포수	가맹조건
100	가맹비: 500 교육비: 300 인테리어: 2600 기타: 간판, 주방, 오븐, 식기, 디스플레이

(3) 차별화 전략 및 경쟁력

① 시스템 경쟁력

15평 규모의 적은 규모에서도 창업을 지원하며 전문 주방장이 없어도 운영이 가능하기 때문에 인건비 절감이 가능하다.

② 출점전략 경쟁력

슈퍼바이저 파견 등을 통한 가맹점의 안정적인 운영을 지원하고 획기적인 전략과 가격거품을 제거해 소자본 창업이 가능하다.

③ 메뉴 경쟁력

생마늘로 만들어진 마늘소스, 자양 강장 효과가 뛰어난 명이나물 등 건강을 생각하는 맛있는 보약 같은 보쌈.

(4) 브랜드 특징 및 영업전략

초보창업자들 대다수는 외식창업을 계획한다. 가장 쉽게 접근할 수 있는 아이템이기 때문이다. 외식창업은 메뉴 선택이 관건인데, 특히 대중성을 살펴야 한다. 세대에 관계없이 남녀노소 누구나 선호하는 메뉴라면 꾸준한 매출을 올릴 수 있다.

하지만 외식창업은 생각보다 많은 창업비용이 드는 경우가 많다. 매장 규모에 따라 고객 유치율이 달라지기 때문에 더 넓은 공간을 요구하게 되고, 식자재 구매 등 운영비용도 만만치 않게 든다. 때문에 실제로 외식창업을 준비했다가 높은 창업비용으로 인해 시도조차 하지 못한 창업자들도 많다.

전문가들은 "초보창업자라면 소자본으로 성공창업을 기대할 수 있는 아이템을 선택하는 것이 안전하다."면서 "하지만 소자본창업이나 소점포창업은 진입장벽이 낮아 경쟁이 치열하다는 것을 잘 알고 있어야 한다."고 전한다. 최근 소자본창업 시장에서 두각을 나타내고 있는 외식창업 프랜차이즈는 보쌈전문점 〈돈통마늘보쌈〉이다. 보쌈창업도 높은 창업비용을 요구하는 경우가 많으나, 이곳은 획기적인 전략과 가격거품을 제거해 소자본창업이 가능하도록 지원하고 있다.

〈돈통마늘보쌈〉은 15평 규모의 적은 규모에서도 창업을 지원하고 있다. 보쌈 메뉴 특성상 매장 규모가 작더라도 테이크아웃과 배달까지 가능하기 때문에 매출 확보에는 무리가 없다. 또한 테이블 회전율이 빨라 큰 매장에 버금가는 높은 매출을 달성할 수도 있다. 또 〈돈통마늘보쌈〉은 보쌈에 마늘을 더한 특수 메뉴로 웰빙성까지 갖추고 있어 눈길을 끈다. 최근 창업 시장의 화두로 떠오른 웰빙이 가미되어 있기 때문에 고객 유입에 있어서도 경쟁우위에 있다는 평을 얻고 있다.

〈돈통마늘보쌈〉의 소자본창업 아이템은 투자 금액이 적은 만큼 높은 매출을 올리는 데에도 한계가 있을 수밖에 없다. 하지만 돈통마늘보쌈은 보쌈메뉴 특성상 단가가 높고, 대중적인 고객층을 갖추고 있기 때문에 기대 이상의 매출을 기록할 수 있다. 여기에 본사의 체계적인 지원으로 인해 전문 주방장이 없어도 운영이 가능하기 때문에 인건비 절감도 가능하다. 더불어 본사에서는 전문 슈퍼바이저 파견 등을 통해 가맹점의 안정적인 운영도 지원하고 있기 때문에 가능하다.

최근 예비창업자들의 평균 연령이 낮아지고 있다. 과거 창업이란 은퇴 후 안정적인 노후를 위한 수단이었다면, 최근의 창업은 20대부터 50대 등 나이에 상관없이 생계를 위한 수단이라고 할 수 있다. 특히 젊은 창업자들은 단순한 회사원보다는 창업을 통해 창조적인 CEO가 되기를 희망하고 있다. 젊은 창업자들은 젊음과 패기는 있지만, 자본금이 부족하기 때문에 수익성 높은 창업아이템에 집중한다.

이색적이고 독특한 아이템보다는 대중적인 아이템으로 선택하는 것이 현명하다. 웰빙 트렌드를 적극 반영하고 있다면, 높은 매출을 기대할 수 있을 것이다.

특히 전매특허라고 할 수 있는 마늘보쌈에 대한 찬사는 주목해야 할 부분이다. 마늘보쌈, 홍어삼합보쌈, 바베큐보쌈, 마늘족발 등 어디에서도 쉽게 볼 수 없는 이색적인 보쌈메뉴는 돈통마늘보쌈의 최대 경쟁력이다. 남녀노소를 막론하고 모두가 좋아하는 대중적인 외식아이템인 만큼 경기 및 계절에 영향을 받지 않고 높은 매출을 기대할 수 있다.

한편 코리아푸딩은 외식업계에서는 음식의 맛도 중요하지만 식자재의 신선함이 더욱 중요한 음식의 맛과 영양을 뒷받침하고 더 폭넓은 고객층을 확보하기 위해 본사에서 직접 물류시스템에 관여해 신선한 식자재를 각 지점에 조달하고 있어 '함께 가는 기업' 이라는 경영슬로건을 바탕으로, 가맹 점주들의 의견에 항상 귀를 기울이고, 운영에 반영하고 있다.

〈돈통마늘보쌈〉은 당일 생산, 당일 배송을 원칙으로 매일 새벽 가맹점 주문을 체크해 제품을 생산한다. 메뉴개발은 기업부설연구소를 설립해 한국산업기술진흥협회로부터 ISO인증을 받았다. 연구소에는 업계에서 R&D 업무를 10년 이상 근무한 우수 연구진들이 포진돼 기존 메뉴의 품질 향상과 신 메뉴 개발에 주력하고 있다.

코리아푸딩은 향후 외식시장은 웰빙시대에 걸맞게 굽지 않는 돈육 수시장이 더욱 활성화 될 전망으로 내다보고 있다. 때문에 보쌈·족발은 배달 주문이 많은 업종인 만큼, 품질 향상에 주력하며, 무한경쟁 속에서 소비자의 기대치는 더욱 올라가 특화된 메뉴나 지속적인 개발 없이는 살아남기 힘들 것이라고 말한다.

특히 고객들이 하나같이 양보다 질을 우선으로 여기는 것을 인식할 수 있어, 단순히 배를 채우기 위한 수단이 아닌, 몸에 좋은 것을 즐기려는 욕구가 강한 것을 알 수 있다고 한다. 이 외에도 〈돈통마늘보쌈〉의 경쟁력은 손쉬운 시스템으로 인해 인건비 부담없이 운영이 가능하다. 주방직원 교체 시에도 본사가 재교육을 지원한다. 가맹점이 초심을 잃지 않도록 지속적인 교육이 핵심이다. 또 간편한 주문 시스템을 통해 본사 수발주 프로그램을 이용, 간편하게 주문과 수납, 계산서 수령까지 가능한 시스템을 가동하고 있다. 이 외에도 매월 우수가맹점을 선정해 홍보마케팅비를 지원해 타 가맹점과의 차별화 전략을 구사하고 있다.

〈돈통마늘보쌈〉은 전국적으로 100여개 점포가 개설돼 있으며 향후에는 브랜드 마케팅 강화에 주력할 것으로 알려져 있다. 지금까지는 브랜드에 대한 검증단계였다. 이제는 확신을 갖고 본격적으로 세상에 브랜드를 내어놓을 만반의 준비가 됐다며 각종 매체를 통해 노출이 많이 됐지만 향후에는 본사 차원에서 전국 가맹점 홍보와 신규 점포 개설을 활발하게 이어질 수 있도록 지원해나갈 것이다. 브랜드에 대한 확신과 자신감이 붙은 만큼, 불황일수록 위축되지 않고 브랜드를 위해 투자해 나간다는 계획이다. 경쟁이 치열한 외식시장에서 살아남기 위해서는 차별화된 전략이 필요하다. 실제로 많은 외식업체들은 차별화된 전략으로 지속적인 메뉴개발과 다양한 판매채널을 연구하고 있는 상황이다.

두 가지 모두 매출향상 및 브랜드 경쟁력 강화시키는데 중요한 역할을 하기 때문이다. 특히 높은 기술력을 바탕으로 판매채널을 보다 다양하게 하려는 외식업체들이 많다. 판매채널을 확보하게 되면, 가맹점의 장기간 큰 이익으로 작용하게 된다. 프랜차이즈 보쌈전문점 〈돈통마늘보쌈〉이 높은 기술력을 통해 판매채널을 성공적으로 강화한 대표적인 사례로 꼽힌다.

몸에 좋은 마늘을 활용한 마늘보쌈 등 특화된 메뉴를 내세우면서 독자적인 입지를 구축해 나가고 있는 보쌈체인점이다. 배달 및 테이크아웃을 할 경우에도 매장 내에서 먹는 것처럼 맛있게 즐길 수 있는 친환경 보쌈발열용기를 도입했다. 업종 특성 상 배달이나 테이크아웃 판매 비율이 높은데, 이러한 점을 감안해 보쌈전용 발열용기에 협력업체와 함께 연구개발에 오랜 시간을 투자해 왔다.

실제로 보쌈전용 보쌈발열용기는 매출 향상에 큰 역할을 하고 있다. 매장용 발열용기는 용기에 물을 붓고 1분만 기다리면 발열이 시작되고, 5분 정도 더 기다리면 뜨거운 증기가 올라온다. 1시간 이상 발열이 유지되기 때문에 마지막 한 점까지 따뜻하고 맛있게 즐길 수 있다는 것이 특징이다. 배달 및 테이크아웃 발열용기로 인해 야외에서도 고유의 맛과 품질을 그대로 느낄 수 있기 때문에 소풍, 등산, 낚시, 야유회, 체육대회, 봄나들이, 회사 워크샵 등의 야외활동에도 많은 주문이 들어오고 있다. 이렇게 주문이 급증하면서 자연스럽게 각 매장의 매출이 증가하고 있는 상황이다.

〈돈통마늘보쌈〉의 고객만족도는 더욱 높아지고 있으며 배달 및 테이크아웃 판매율도 급증하고 있다. 여기에 본사인 ㈜코리아푸딩의 R&D센터가 연구개발에 참여한 만큼 브랜드 경쟁력까지 강화시키고 있어서 높은 기술력을 바탕으로 작은 차이를 만들어 내서 명품 브랜드로 도약할 것이다. 현재 〈돈통마늘보쌈〉은 친환경 보쌈발열용기 도입으로 판매채널을 더욱 강화하고, 이와 함께 가맹사업에도 더욱 박차를 가하고 있다.

4) 박경규 항아리보쌈

(1) 브랜드 및 상품 특징

회 사 명   : 박경규 항아리보쌈

대 표 자   : 박경규

전   화   : 031-205-1998

주   소   : 경기 수원시 영통구 영통로 130번길 7

홈페이지   : http://blog.naver.com/bhl2910

① 상품특징 및 장점

잡냄새가 나지 않으며 기름을 뺀 육즙이 고스란히 담겨 현대인의 건강에 좋은 웰빙 음식을 만들었다.

② 브랜드 컨셉

항아리뚜껑을 개조해 보쌈과 김치를 담아내오며, 김치와 찬류도 직접 매장에서 만들어 바로 먹을 수 있다.

(2) 가맹조건 및 계약 내용

점포수	가맹조건(40평기준)
80	가맹비: 1000 교육비: 300 인테리어 : 2000 기타: 간판, 주방오븐, 식기, 디스플레이

(3) 차별화 전략 및 경쟁력

① 시스템 경쟁력

본사가 가맹점의 활성화를 위해 다양한 마케팅 활동. (블로그, 카페, 지식IN, SNS, 언론보도, 맛 집 방송 등)

② 출점전략 경쟁력

적은창업비용으로도 전문 프랜차이즈 가능하며 원·부재료를 최저가 구매 및 공급한다.

③ 메뉴 경쟁력

대한민국 대표 야식 메뉴를 항아리뚜껑에 담아 색다른 보쌈을 만들고 김치, 찬류도 직접 매장에서 만들어내 정성을 알 수 있다.

(4) 브랜드 특징 및 영업전략

한식 37년 경력 베테랑 고집 담은 한상의 보쌈을 자랑하는 박경규 항아리보쌈 대표는 주방장 출신이다. 지인이 일하는 갈비전문점에서 갈비탕을 맛보고 난 후 그 맛을 잊지 못해 바로 한식당 주방 일을 시작했다. 그 후 23년 동안 육류, 탕반음식, 한정식, 면 등 종류를 가리지 않고 다양한 한식당에 근무하며 음식을 공부했다. 자신의 이름을 내걸고 외식업을 시작한 것은 2002년이다. 10년은 물론 5년 이상 지속하기도 어려운 외식시장에서 박경규 항아리보쌈이 14년간 한 번도 무너지지 않고 안정궤도 안에서 사업력을 키울 수 있었던 것은 장인정신을 바탕으로 철저히 고객의 니즈를 정확히 파악해 음식에 정성을 쏟았기 때문이다.

이곳 대표는 보쌈과 족발, 사이드메뉴, 각종 반찬, 소스, 육수 등을 주방에서 직접 만든다. 시판용 제품을 사용할 때보다 힘은 들지만 양념이나 재료의 깊은 맛이 배가되어 5년, 10년 이상 방문하는 장기 단골 고객을 절반 이상 꾸준히 확보하고 있는 비결이기 때문이다.

보쌈은 1인분 기준이 아닌 접시 단위로 판매하기 때문에 웬만해서는 추가주문이 없다. 또한 양이 부족한 고객이 망설일 때 보쌈 고기를 먼저 서비스하면 무조건 단골고객이 되는 경우가 많다. 서비스를 아까워하면 다른 보쌈집과 차별화 할 수 없다. 오너가 먼저 베풀어야 고객도 외식 소비를 아까워하지 않는다. 이 브랜드는 단출하게 차려내는 '선택과 집중' 형 상차림이 특징이다. 보쌈전문점에서 보쌈만 제 역할을 해주면 반찬은 보쌈 맛을 끌어올리는 몇 가지만 있으면 된다. 파김치와 무쌈, 새우젓, 상추, 배추만 군더더기 없이 차려 내고 술손님을 위한서비스 안주로 우거지콩나물된장국을 제공한다. 파김치는 육젓을 넉넉하게 넣어 알싸하면서도 시큼한 맛을 잘 살렸다.

가짓수가 많지는 않지만 보쌈의 느끼한 맛을 잡아주는 핵심 찬으로만 구성한 점이 돋보인다. 항아리에 담아주는 맛깔난 보쌈으로 롱런하고 있는 박경규 항아리보쌈은 상호대로 항아리 뚜껑에 보쌈을 담아내는 것이 특징이다. 지난 2002년 테이블 6개만 두고 배달영업 위주로 처음 시작했다.

배달 사고가 많아 영업이 수월하게 되지 않아 문을 닫으려고 하던 찰나, 경기도 여주 도자기축제에서 항아리를 보고 아이디어를 얻었다. 크고 묵직한 항아리 뚜껑을 개조해 보쌈과 김치를 담아내는 콘셉트가 소문이 나면서 줄서기 시작했다.

보쌈고기는 칠레산 돼지고기 삼겹살 부위를 사용한다. 칠레산 돼지고기는 기름기가 많아 부드럽고 고소한 맛은 뛰어나나, 작업 시 버리는 비계 부위가 많아 그만큼 식재료 손실도 많은 것이 단점이다. 게다가 삶은 고기 특성상 수분이 빠지면서 생기는 손실도 있어 돼지고기 1kg을 통째로 삶았을 때 600g정도만 고객 상에 낼 수 있

다. 그러나 칠레산 삼겹살은 2016년 12월 기준 1kg당 7000~8000
원 선으로 국내산 돼지고기 삼겹살보다 절반가량 저렴해 원가 경쟁
력이 있다. 보쌈은 돼지고기 자체의 고소한 풍미가 좋아 육젓에 찍
어먹어도 좋고, 매콤달콤한 양념의 보쌈김치에 곁들여 먹어도 별미
다. 쌈장은 콩된장에 보리와 수수, 좁쌀, 해바라기씨, 땅콩가루 등
10여 가지의 곡물을 넣어 삼삼하고 부드러운 맛을 냈다. 듬뿍 찍어
먹어도 짜지 않고 고소한 맛이 은은하게 돈다.

3개월의 까다로운 메뉴교육을 '전수창업' 식 프랜차이즈로 운영하
는데 49m² (15평)이었던 박경규 항아리보쌈 본점은 330m² (100평)
규모의 대형매장이 됐다.

'보쌈 기술을 전수해 달라' 는 이들이 생기기 시작하면서 가맹사업
을 시작해 현재 전국 80여개의 가맹점이 성업 중이다. 가맹사업은
전수창업 식으로 진행한다. 점주들이 주방 일을 완벽하게 컨트롤할
수 있도록 3개월 간 수원 본점에서 보쌈 삶는 기술부터 각종 사이드
메뉴와 반찬 만드는 과정까지 철저하게 교육한 후 오픈토록 하고 있
다.

5) 신설 틈새 보쌈 프랜차이즈

(1) 모방할 수 없는 융·복합 메뉴와 식기 〈접시꽃보쌈〉

독특하면서도 롱런할 수 있는 아이템으로 침체된 외식 프랜차이즈 시장을 이끌고자 고군분투하는 기업들이 늘고 있는 가운데, '융·복합 메뉴'를 표방하는 브랜드가 론칭해 이목을 끌고 있다. 값비싼 메뉴로 인식되는 문어와 남녀노소 누구나 좋아하는 대중음식 보쌈, 여기에 각종 해물 및 사이드 메뉴를 한 접시에 담아 그야말로 '비주얼 쇼크'를 자랑하는 〈접시꽃보쌈〉이다.

'문어+해물+보쌈'이 만나 푸짐함으로 승부하는 이 브랜드는 한국인의 식문화에 있어서 '푸짐함'은 미덕이 아닌 필수요소다. 보다 다양한 메뉴를 합리적인 가격에 즐기고자 하는 소비자의 니즈에 따라 각종 뷔페 레스토랑이 최근 각광받고 있는 이유도 이 때문이다.

이런 가운데 최근 창업시장의 스테디셀러 아이템이 보쌈과 각종 해산물, 그리고 고급메뉴로 통하는 문어를 한꺼번에 즐길 수 있는 융합 메뉴가 개발돼 인기를 끌고 있는 것이다.

〈접시꽃보쌈〉은 강원도 원주의 맛집 ‘칡산에’의 대표와 컨설팅한 대전의 황제해물문어보쌈의 콘셉트를 결합해 새롭게 론칭한 프랜차이즈 브랜드다.

대표메뉴인 황제해물문어보쌈은 보쌈, 문어, 7가지 내외의 각종 해물, 묵은지 및 각종 찬류를 특허 받은 황제접시에 담아 한 접시로 육해공을 다 즐길 수 있는 융·복합 메뉴다. 특히 단품으로는 2만 8000원에 판매하는 문어를 보쌈메뉴와 함께 6만원에 판매한다. 남녀노소 모두 좋아하는 음식이 한꺼번에 나와 어느 구성원과 함께해도 모두 만족할 수 있는 메뉴라는 것이 장점이다.

황제해물보쌈이 테이블에 나오면 우선 그 담음새에 놀란다. 정중앙에 올려 나오는 문어의 모양이 마치 꽃 같다고 해서 브랜드 네이밍을 ‘접시꽃’으로 결정할 정도로 인상적인 비주얼이다. 그 아래에는 보쌈을, 주변에는 각종 해산물과 찬들이 큰 접시에 함께 나온다.

이 모든 음식을 수북하게 한 번에 담은 접시는 일명 ‘황제접시’로 접시꽃보쌈의 핵심 경쟁력 중 하나다. 보쌈과 문어는 따뜻하게 즐겼을 때 더욱 맛있다는 점에 착안, 보쌈과 해물을 다 먹을 때까지 접시에서 김이 솔솔 나오도록 개발한 황제접시는 음식을 끝까지 따뜻하게 즐길 수 있도록 도와준다. 반면 차게 즐겨야 하는 사이드의 해물이나 각종 찬류에는 뜨거운 기운이 가지 않도록 했다. 황제접시는 칡산에의 김학수 대표가 지난 2008년 특허 받은 제품이다. 접시꽃보쌈은 메뉴는 따라할 수 있지만 '황제접시'가 없으면 이와 같은 비주얼이 나오지 않는다. 메뉴를 흉내 내더라도 기능적으로 따뜻하게 음식을 먹을 수 없기 때문에 결국 카피가 불가능한 콘셉트다.

접시꽃보쌈의 메뉴 및 식기의 원천기술은 본사에 있지만, 실제 가맹사업은 ㈜썬미트에서 진행하고 있다.

프랜차이즈의 핵심인 홍보·마케팅, 브랜딩, 물류, 슈퍼바이징 등은 오랜 노하우를 지닌 전문회사에서 진행해야 한다는 데 뜻을 같이했기 때문이다. 두 업체는 업무영역을 정확히 구분해 메뉴 R&D 및 조리법 전수 등은 본사가, 물류유통 및 브랜드 마케팅, 가맹점 관리는 썬미트에서 진행하고 있다.

특히 가맹점의 수익성을 유지하기 위해서는 물류의 안정적인 가격과 지속적인 공급이 중요한 만큼 핵심 물류를 주 2~3회 일정하게 공급할 수 있는 시스템을 완비했다.

이에 따라 썬미트에서는 보쌈 원육, 문어, 묵은지, 보쌈김치, 감자옹심이, 곤드레 등의 물류를 제공하고 있다. 특히 묵은지 등은 해발 700m의 고랭지 배추를 계약재배해 안정적으로 납품할 수 있는 시스템을 만들었다.

썬미트는 특화된 레시피를 대량생산 했을 때 맛을 유지하는 부분에 주력하고 특히 가격 등락이 심한 핵심 식재료들도 본사의 물류 유동 노하우를 통해 안정적으로 공급할 수 있는 점이 경쟁력이다.

(2) 보쌈의 고급화에 앞장서다 〈보쌈마루〉

배달음식계의 안방마님 같은 존재였던 '보쌈' 이 〈보쌈마루〉의 손을 거쳐 다양한 맛을 내며 고급스러움을 입게 됐다. 온고지신의 뜻처럼 옛 것은 그대로 지키며 새로운 맛으로 사람들의 입맛을 사로잡고 있는 〈보쌈마루〉는 개설된 점포가 있는 지역마다 맛집으로 등극할 정도로 그 인기가 대단하다.

과거에 보쌈은 소나 돼지의 머리를 삶아 뼈를 제거하고, 보로 싸 납작하게 눌러 썰어 먹는 것이었다. 하지만 현대에 와서는 돼지고기의 잡냄새를 제거하고 삶아서 양념소나 쌈에 싸먹는 음식으로 바뀌었다.

〈보쌈마루〉는 여기서 한발 더 나아가 삶아낸 돼지고기를 오븐에 두 번 구워 다양한 소스를 입혀 현대인의 입맛에 맞도록 독자적인 보쌈의 맛을 혁신적으로 창조해낸 것이다.

프랜차이즈 회사에서 다년간 몸담아 왔던 이곳 대표는 그동안 쌓아온 다양한 지식과 경험을 토대로 외식업계에 뛰어 정면승부를 걸었다. 그 당시 함께 의기투합해 지금까지 함께 해 오고 있는 4명의 직원들은 이 대표의 큰 보물이기도 하다. 처음 론칭한 요거트 아이스크림 전문점은 트렌드가 지나자 수요가 떨어졌고, 그때 베스트셀러 아이템보다는 스테디셀러 아이템으로 승부를 보자는 생각을 하고 아무나 쉽게 참여할 수 없는 메뉴인 '보쌈'을 선택했다.

성남에서 배달전문점으로 시작한 〈보쌈마루〉는 7명의 배달 직원으로 한달에 1억원에 달하는 수익을 내며 승승장구하고 있다. 현재 배달만으로는 한계가 있어 이를 보완하고자 홀 매장에까지 영역을 넓혀 매장고객 중심으로 영업을 하고 있다. 현재 10개의 매장을 갖고 있는 〈보쌈마루〉는 창업 한 지 8년이란 역사에 비하면 적은 매장 수 같지만 대표는 점포 개설에 연연하지 않는다. 매장이 많으면 그만큼 관리가 어려워지고 소홀할 수밖에 없다는 것을 알기 때문에 무리한 출점보다는 안정적으로 성장할 것을 강조한다.

〈보쌈마루〉는 보쌈을 식사 뿐 만 아니라 안주로도 즐길 수 있도록 현대화 하였으며, '보쌈을 다시 요리한다' 는 생각으로 요리 하나 하나에 정성을 담아 서비스하고 있다. 가장 인기 있는 메뉴는 '바베큐보쌈'이다. 삶아낸 돼지고기를 다시 오븐에 두 번 굽는데 구울 때 데리야끼 소스나 매콤한 소스를 발라줘 고기 속 양념이 배어 깊은 맛을 낸다. 깊은 맛을 고객들에게 선보이고자 번거로운 조리 과정도 감수하고 있다. 쫄깃한 막국수 위에 차돌바비큐를 올려 함께 먹는 '차돌막국수'는 여성고객들이 즐겨 찾는다. 이밖에도 '야채육수보쌈', '마늘바베큐보쌈', '주꾸미보쌈' 등이 있다. 점심 시간에는 디저트 바를 만들어 매실차, 음료, 사탕, 튀김을 고객들에게 제공한다.

메뉴개발은 임직원들의 아이디어를 통해 수시로 하고 있으며 계절마다 새로운 계절메뉴도 선보인다. 또한 〈보쌈마루〉 전용 육가공공장을 만들어 육류와 소스를 제공하고 채소는 ㈜대상과 거래해 안전한 먹거리를 위해 힘쓰고 있다.

부록

창업 및 업종 전환, 신규사업 가이드

<표 1> 외식산업의 구성요소

외식산업의 구성요소				
가격	식음료	인적서비스	물적서비스	편리성

<표 2> 외식기업 경영형태의 장·단점

구분 \ 방법	초기투자	경험도	사업운영 책임도	실패율	재정 위험도	보상
직영	높다	높다	높다	높다	높다	높다
가맹	보통 이하	최저	보통	보통	보통	보통 이상
인수	보통	높다	높다	높다	높다	높다
위탁	없음	보통 이상	보통	보통	보통	보통 이하

〈표 3〉 업종별 분류

외식산업	음식중심	일반음식점	일반음식점	한식점
				일식점
				양식점
				중식점
				기타
			특수음식점	열차식당
				항공기내식당 기내사업
				선박 내 식당
			숙박시설 내 음식점	호텔 내 식당
				리조트,콘도,여관 내 식당(1970년 이전)
		단체음식	학교	초,중,고,대학
			기업	구내식당
			군대방위시설	군대
				전투경찰
				경찰
				교도소
			병원	구내식당
			사회복지시설	연수원
				양로원
				고아원
	음료중심		찻집,술집	커피전문점
				호프집
				술집(대중유흥업소)
			요정,바	요정
				바
				카바레
				나이트클럽, club

〈표 4〉 한식의 유형별 종류

품목	세부종목	품목	세부종목
해물류	조개찜 조개구이 게찜 바닷가재찜 낙지볶음 굴회 오징어볶음	전류	파전 빈대떡 모듬전 오코노미야키
생선류	갈치구이 코다리찜 광어회 장어구이 장어직화 장어양념구이	국물류	된장찌개 부대찌개 청국장 순두부 북어국
육류-쇠고기	쇠고기등심 쇠고기갈비 쇠고기 불고기 쇠고기 샤브샤브	디저트류-빵	샌드위치 초콜릿 케이크 와플 바게트
육류-돼지고기	돼지고기 삼겹살 돼지갈비 돼지등갈비	디저트류-음료	생과일주스 아이스크림 빙수 생과일 요거트 스무디
육류-닭고기	닭튀김 삼계탕 닭강정 닭갈비	디저트류-커피	커피 북카페 애견카페 키즈카페
육류-족발	족발 냉족발 오븐구이족발 쌈족발	출장음식	도시락 제사음식 홈파티
면류	자장면 짬뽕 냉면 잔치국수 메밀	주류	소주 맥주 생맥주 와인 막걸리
탕류	갈비탕 샤브샤브 설렁탕 삼계탕 매운탕	분식류	순대류 튀김 떡볶이 우동 김밥
한식	비빔밥 쌈밥 영양밥 김밥 죽	뷔페류	패밀리뷔페 해산물뷔페 고기뷔페 샐러드뷔페 디저트뷔페 채식뷔페

〈표 5〉 외식업계 업종별 트렌드 핵심 (키워드)

창업할 수 있는 외식 종목들 간 콜라보레이션(모둠+조합) 메뉴

업종	키워드	상세 키워드
한식	건강한 삶과 간편식 시장확대	4S(safety, show, self, single), 건강, 간편식, 유기농, No MSG, 오픈키친, HMR
패밀리 레스토랑	감성을 추구하는 융복합화	콜라보레이션, 감성, 시장 다각화, 초니치 마켓
치킨	카페형 매장과 스포츠 마케팅	가치소비, 힐링, 프리미엄, 싱글족, 치맥 스포츠 마케팅, 간편식, 안전, 차별화, SNS
주점	복고와 엔도르핀 디쉬	복고, 감성, 소형화, 차별화, SNS 콜라보레이션, 인테리어, 합리적 가격
커피	고급 원두와 부티크 매장	웰빙, 건강한 재료, 소형화, 전문화, 차별화, 콜라보레이션, 고급화, 부티크, 복고, 인테리어, 사회공헌, 해외진출
피자	웰빙과 프리미엄의 합리적 소비	웰빙, 고급화, 합리적 가격, 안전·안심, 스포츠마케팅, 복고·향수, 엔도르핀 디쉬, 콜라보레이션, 소형화, 건강한 재료, 싱글족
이탈리안 레스토랑	착한 소비와 건강한 식생활	착한 소비, 오가닉, 건강, 와인
분식	합리적인 가격과 콜라보레이션	콜라보레이션, 소형화, 프리미엄, 합리적 가격, 소량화, 간편식, 싱글족
패스트푸드	안전하고 합리적인 가격	합리적 가격, 간편식, 싱글족, 안심·안전
디저트	매스티지족의 진정성	콜라보레이션, 건강한 재료, 진정성, 유기농, 프리미엄, 인테리어, 독창성

〈표 6〉 소비자 유형별 기호와 변화

소비자 진화 양상 단계 ▼	새로운 소비자 집단 ▼
마담슈머(Madame + Consumer) 구매 결정권을 가진 주부들의 시각에서 제품 평가	**바이슈머(Buy + Consumer)** 해외에서 판매되는 물품을 직접 구입하는 소비자 (직구족)
⇩ **트라이슈머(Try + Consumer)** 기존 정보에 의존하지 않고 제품을 직접 써본 뒤 평가	**모디슈머(Modify + Consumer)** 제조업체에서 제시하는 방식이 아닌 자신만의 방법으로 재창조 해내는 소비자
⇩ **크리슈머(Creative + Consumer)** 신제품 개발이나 디자인, 서비스 등의 문제에 적극 개입해 의견을 제시	**스토리슈머(Story + Consumer)** 기업에 제품과 관련된 자신의 이야기를 적극적으로 알리는 소비자
⇩ **프로슈머(Producer + Consumer)** 제품의 생산단계에 직접 관여하거나 소비자가 생산까지 담당	**쇼루밍족(Showrooming)** 오프라인 매장에서 제품을 보고 온라인을 통해 저렴하게 구매하는 소비자(실속 중시) VS **역쇼루밍족(Reverse Showrooming)** 온라인에서 검색을 통해 제품을 결정한 뒤 오프라인에서 구매하는 소비자
⇩ **가이드슈머(Guide + Consumer)** 기업의 생산현장을 검증하고 잘못된 점은 지적, 잘한 점은 홍보	

<표 7> 외식 브랜드의 구성 요소

브랜드 아이덴티티	브랜드 네임, 브랜드 로고, 브랜드 컬러, 브랜드 캐릭터, 브랜드 슬로건
메뉴	메뉴 구성, 원재료 선택, 조리 방식, 메뉴명, 프리젠테이션, 식기 선택, 메뉴 제공 방식
서비스	서비스 정도, 서비스 방식, 서비스 특성
분위기	SI(Store Identity), 음악(music), 조명(lighting), 유니폼(uniform), 사인(signage)
입지	지역, 입점 형태(free standing/building-in)
가격	가격, 좌석회전율, 식재료비, 인력 및 인건비, 임대료 수준, 할인정책

<표 8> 브랜드 아이덴티티의 도출 <부록>

기능적 속성	맛의 동질성, 볼의 차별성, 메뉴의 다양성, 양의 풍부함, 시간 절약, 이벤트의 독창성, 접근 편의성, 인테리어의 간결성, 가격대비 맛과 양, 가격의 합리성		
이성적 혜택	통일성, 신속성, 다양성, 합리성, 편리성, 독창성, 전문성		
감성적 혜택	신선함, 생동감, 젊음	친근함, 즐거움, 정겨움	편안함, 재미있음
성격	▼ 독특함	▼ 공유성	▼ 편안함
브랜드 아이덴티티	⇩ 스파게티로 특화된 캐주얼 레스토랑		

<표 9> 브랜드 콘셉트 키워드의 개발

키워드	내용
다양성	메뉴와 이벤트의 다양성
통일성	각 매장 간 메뉴의 맛, 인테리어의 동질성
합리성	가격대비 맛과 양, 서비스의 만족감
신속성	시간 절약
전문성	네이밍에서의 전문성, 메뉴의 전문성
편리성	접근과 이용, 서비스의 편리성
신선함	음식의 신선함, 신선한 식자재, 이벤트와 제공 방식(홀서비스)의 새로움
생동감	동적이고 활발한 분위기, 생동감 있는 인테리어
젊음	매장 분위기, 주된 색상, 방문하는 고객과 직원의 젊음
친근함	고급스럽지 않고 대중적이며 부담스럽지 않은 친근함
즐거움	밝고 화사한 인테리어와 가격대비 맛과 양이 좋은 것에서 오는 즐거움
정겨움	오픈된 주방이나 인테리어, 함께 나눠먹는 정겨움
편안함	인테리어의 편안함, 위치의 편안함, 서비스나 가격 등의 심리적 편안함
재미	이벤트의 재미, 메뉴를 고르는 재미, 홀서비스의 재미
독특함	홀서비스의 독특함, 패밀리레스토랑과는 다른 분위기와 서비스
공유성	음식을 나눔으로서 얻게 되는 정서의 공유

<표 10> 콘셉트 도출 사례

고객 이미지	개성을 추구하는 여대생 (20대 여성)	해외여행 경험이 있는 젊은 세대	신세대 직장인	자유 직업가와 보보스족	아침 일찍 출근하는 직장인
고객 이익	자신만의 공간, 자유롭게 대화	해외에서 경험한 커피 맛	친구와 여유로운 대화, 독특하고 맛있는 장소	다양한 커피 선택, 노트북 PC이용	간단한 빵과 커피
입지 이미지	이대 앞, 대학로, 프레스센터, 명동역, 강남역, 삼성역, 코엑스, 역삼역, 광화문				
고객 서비스	창가 쪽 1인 좌석, 자유공간, 바리스타, 테이크아웃 서비스, 고객 맞춤 커피, 무선 랜 서비스, 포인트제도, 페이스트리				
고객 시나리오	창가에서 음악을 들으며 혼자 책을 본다, 커피향이 나는 포근한 소파에서 친구와 부담 없이 대화한다. 여자 친구와 극장에 가기 전에 만나서 영화 이야기를 하며 즐긴다, 직장 동료와 점심 식사 후 커피를 테이크아웃하여 마신다. 여기저기 뛰어다니다 자투리 시간에 무선 랜을 이용하여 업무를 한다, 일찍 출근하여 회사 근처에서 여유로운 아침을 시작한다.				
목표 콘셉트	세계 최고의 커피를 주문하여 직접 에스프레소 방식으로 즐길 수 있는 커피숍, 혼자 있을 때는 편안하게, 친구와 같이 있을 때는 즐겁게 대화할 수 있는 커피숍, 고객의 오감을 만족시켜주는 문화가 있는 커피숍				

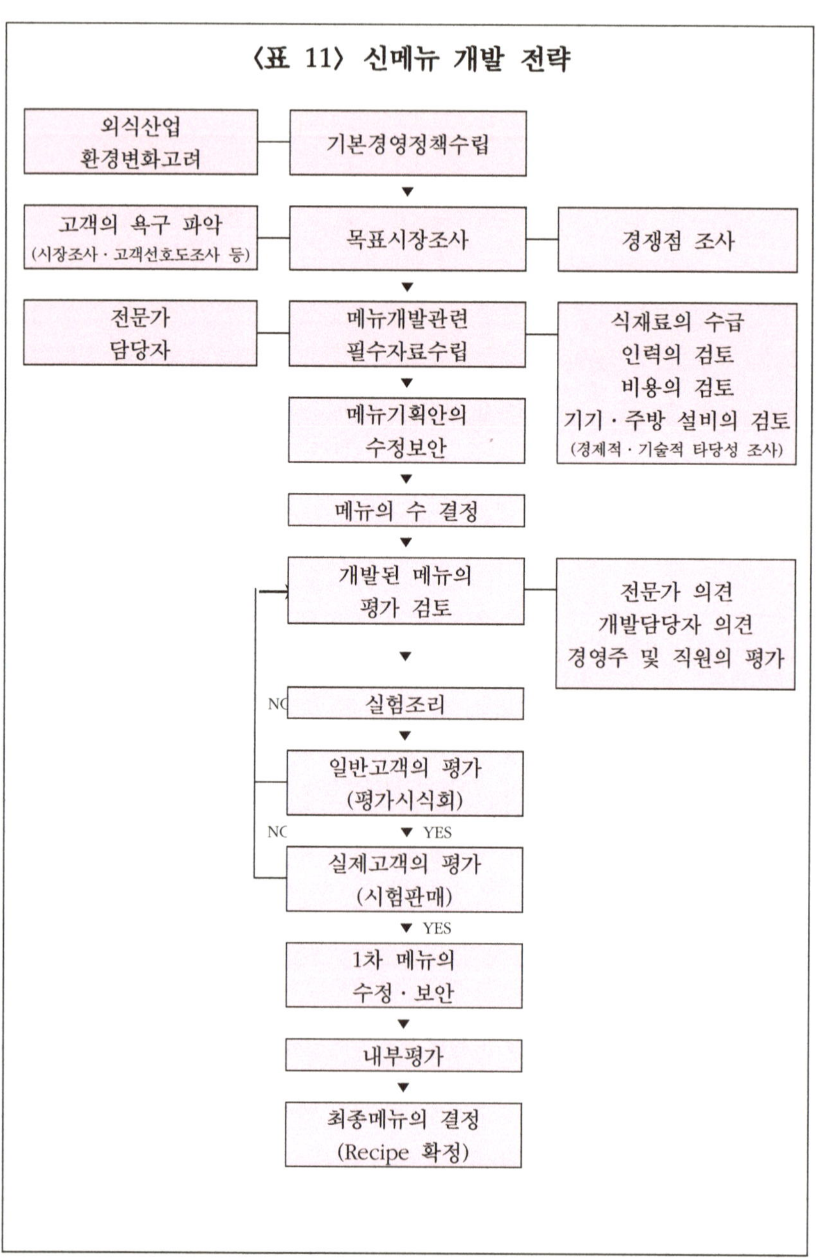
〈표 11〉 신메뉴 개발 전략
외식산업 환경변화고려
기본경영정책수립
고객의 욕구 파악
(시장조사 · 고객선호도조사 등)
목표시장조사
경쟁점 조사
전문가 담당자
메뉴개발관련 필수자료수립
식재료의 수급
인력의 검토
비용의 검토
기기 · 주방 설비의 검토
(경제적 · 기술적 타당성 조사)
메뉴기획안의 수정보안
메뉴의 수 결정
개발된 메뉴의 평가 검토
전문가 의견
개발담당자 의견
경영주 및 직원의 평가
NO
실험조리
일반고객의 평가
(평가시식회)
NO
YES
실제고객의 평가
(시험판매)
YES
1차 메뉴의 수정 · 보안
내부평가
최종메뉴의 결정
(Recipe 확정)

<표 12> 메뉴의 적합성 평가

주요항목 및 평가요소	세부검토사항
소비기호 (연령별, 직업별)	• 타깃연령대가 좋아하는 음식인가? • 음식이 깔끔하고 정갈한가? • 타깃연령대의 수준에 적합한가? • 계절 메뉴나 계절 식재료를 사용할 수 있는가? • 건강식, 다이어트식, 기능식인가? • 맛 유지와 양은 적절한가? • 메뉴가격대는 어떤가? • 어린이용 메뉴구비와 디저트는 준비되어 있는가? • 가족고객이 좋아하는가? • 단순식사로 적합한가? • 메뉴북은 깨끗하고 설명이 충분한가? • 행사메뉴(모임, 회식, 기타)로 적합한 메뉴인가?
점포, 입지, 시장	• 주변 시장의 가격대는?　• 혐오시설은 없는가? • 접근성(편리성)은?　• 홍보성(가시성)은? • 시장성(시장수요)은?　• 적합한 입지인가? • 적합한 건물인가?　• 점포규모는? • 경쟁상태는?　• 상권내의 외식 성향은? • 성장 가능한 입지인가?　• 집객 시설이 있는가? • 유동인구는 얼마나 되는가?　• 유동차량은 얼마나 되는가? • 주차시설은 되어 있는가?
경영효율 (경영관리 계수관리)	• 매출이익은?　• 회전율은? • 객단가는?　• 원가(재료비,인건비,제경비)는? • 메뉴관리는 용이한가?　• 서비스의난이도는? • 점포관리는?　• 경영주의 메뉴 이해도는? • 구매의 난이도는?　• 직원 채용은?
식사형태	• 조식 • 중식 • 간식 • 석식 • 미드나이트
판매방식	• 내점(Eat in) • 배달 • 포장판매 • 복합판매 가능성은?

〈표 13〉 외식 브랜드 주기별 커뮤니케이션 전략

도입기 **(사업홍보)**	• 모델샵의 영업 활성화에 총력 • 언론에 기사화 • 브랜드 인지도 제고를 통해 계약 유도 • 체험마케팅을 통한 점포 이용유도 • 예비창업자 홍보
성장기 **(성공모델의** **정착)**	• 기획 사업설명회 개최(명강사 초청 등) • 도입기보다는 광고 홍보 효력감소 • 성공사례 만들기 • 성공사례를 바탕으로 한 현장 확인계약 실적 기대 • 경쟁업체 진입 시 탄력적으로 시장 전략 전개
성숙기 **(브랜드지명도** **확대)**	• 성공사례를 중심으로 한 계약 실적 증가 • 브랜드 정체성 관리 강화(표준화, 전문화, 단순화) • 유지광고/홍보시행 • 브랜드 이미지 관리 • 메뉴개발 및 보완
쇠퇴기 **(현상유지/** **신규사업)**	• 계약실적 쇠퇴 • 브랜드파워 유지 • 고객욕구 분석을 기초로 한 사업 컨셉 조정 • 재정비 및 제2브랜드 런칭 • R&D 성장전략

<표 14> 라이프 사이클에 따른 단계별 관리전략

구분	도입기	성장기	성숙기	쇠퇴기
소비자	소비 준비	소비 시작	소비 절정	소비 위축
경쟁업소	미약	증대	극대	감소
창업시기	창업 준비	창업 시작	차별화	업종변경
매출	조금씩 증가	최고로 성장	평행선	하락
제품 (메뉴)	지명도 낮다	지명도 급상승 및 모방 시작	지명도 최고 제품의 다양화	신 메뉴로 대체시기
유통 (판매)	저항이 높고 점두판매위주	저항 약화되고 주문이 쇄도	주문감소 가격파괴현상	가격파괴절정 생존경쟁으로 재정비
촉진	광고 및 PR 활동성행	상표를 강조하고 경쟁적	캠페인활동 성행 및 제품의 차별성 강조	수요는 판촉에 비해 효과가 미흡
가격	높은 수준	가격인하 정책실시	가격최저로 가격에 민감	재정비에 따른 가격 인상정책
커뮤니 케이션	체험마케팅을 통한 이용유도	성공사례를 바탕으로 현장실적기대	유지강화 브랜드 정체성 관리강화, 성공사례를 중심으로 계약실적증가	계약실적 쇠퇴, 신규사업진출 모색, 고객욕구분석으 로 사업 컨셉 조정
진행기간	1년차	2년차	3년차	4년차

<표 15> 외식산업의 소득 수준별 발전

구분	GNP($)	성장과정	주요업체등장
1960년대	100 ~200	식생활의 궁핍 및 침체기(6·25전쟁 후), 밀가루 위주의 식생활 유입(미국 원조품), 분식의 확산 및 식생활 개선 문제 부상	뉴욕제과(67), 개업업소 및 노상 잡상인 대량 출현
1970년대	248 ~ 1,644	영세성 요식업의 우후죽순 출현, 경제 개발 계획에 따른 식생활 향상, 해외브 랜드 도입 및 프랜차이즈 태동, 국내프 랜차이즈 시작 : 난다랑(79.7), 서구식 외식업 시작 : 롯데리아(79.10)	가나안제과(76) 난다랑(79) 롯데리아(79)
1980년대 초반	1,592 ~ 2,158	외식 산업의 태동기(요식업→외식산 업), 영세 난립형 체인점 출현(햄버거, 국수, 치킨 등), 해외 유명브랜드 진출 가속화	아메리카(80) 윈첼(82) 짱구짱구(82) 웬디스(84) KFC(84) 장터국수(84) 신라명과(84) 등
1980년대 후반	2,194 ~ 4,127	외식산업의 적응 성장기(중소기업, 영 세업체난립), 식생활의 외식화·레저 화·가공식품화 추세, 패스트푸드 및 프랜차이즈 중심 시장 선도, 패밀리 레 스토랑·커피숍·호프점·베이커리·양 념치킨 등 약진	맥도날드(86) 피자인(88) 코코스(88) 도투루(89) 나이스데이(89) 만리장성(86)
1990년대 초반	5,569 ~ 10,000	외국산업의 전환기(95년 산업으로서 정착), 중·대기업의 신규진출 러시 및 유명브랜드 도입, 프랜차이즈 급성장 및 도태, 시스템 출현(외식근대화)	나이스데이 씨즐러 스카이락 TGIF 등 아웃백, 빕스, 베 니건스, 애슐리, 마르쉐 등

144

구분	GNP($)	성장과정	주요업체등장
1990년대 후반	6,500 ~ 9,800	IMF로 경기침체, 전체적인 침체, 불황 중 실직자들의 생계수단과 고용 창출 효과, 침체기에도 꾸준한 성장을 이룸, 다양한 형태의 소비패턴에 따른 점포의 변화	서울 경기지역 외식기업 포화 상태로 지방음식의 체인화와 수도권 중심의 패밀리 레스토랑의 지방 진출과 발전
2000년대 초반	10,000-15,000	웰빙 문화로 인한 패스트푸드의 변화, 광우병파동으로 일부 산업 심각한 타격, 조류독감으로 치킨업계 일시적인 위기, 꾸준한 발전으로 전체 국민 노동력의 50%이상 고용 창출한 거대산업으로 발전	프랜차이즈 포화, 국내 브랜드 등장
2000년대 후반	15,000-21,500	국내브랜드 프랜차이즈 대거 등장 및 대기업·식품업계의 외식산업 진출, 대기업 3세들의 외식산업진출(신세계:스타벅스로부터시작-투썸플레이스 등)	(할리스, 카페베네 등)
2010년대 초반	21,500 ~ 25,000	경기침체와 세월호 사건으로 인한 외식위주의 식단이 집으로 이동, 정부규제에 의한 외식분야와 식품분야의 위축	대기업 진출에 대한 정부규제, 상생과 공생의 기업 논리
2010년대 후반	25,000 ~ 30,000	대기업 외식산업이 상생과 공생을 내세운 중소기업 외식 정책으로 변화, 대기업의 외식산업 진출 금지, 외식문화의 침체기와 과다 경쟁	CS를 통한 기업 이익과 고객만족 공존

<h3 align="center">〈표 16〉 한국의 외식산업 발전과정</h3>

연대	발전내용	주요업체
1960년대 이전	• 전통 음식점 중심의 음식업 태동기 • 식생활 및 식습관의 가내 주도형 • 식량지원 부족(생존단계)	• 이문설렁탕(1907) • 용금옥(1930) • 한일관(1934) • 조선옥(1937) • 안동장(1940) • 고려당(1945) • 남포면옥(1948)
1960년대	• 6·25전쟁 후 식생활 궁핍 및 음식업 침체기 • 혼분식 확산(미국원조 밀가루 위주의 식생활)	• 삼양라면 최초 시판(1963) • 비어홀(1964) • 코카콜라(1966) • 뉴욕제과 신세계 본점 프랜차이즈 1호점(1968)
1970년대	• 해외브랜드 도입기 • 프랜차이즈 태동기 • 대중음식점 출현	• 난다랑(1979) 국내 프랜차이즈 1호 • 롯데리아(1979) 서구식 외식 시스템 시발점
1980년대	• 외식산업 전환기 • 해외브랜드 진출 가속화 • 국내 자생브랜드 난립 • 부산 아시안 게임(1986) • 서울 올림픽(1988)	• 아메리카나(1980) • 서울 프라자 호텔이 여의도 전경련 빌딩, 프라자(한식당), 도원(중식당), 연회장 운영(1980) • 윈첼도우넛, 버거킹(1982) • 서울 프라자호텔 열차식당 운영(1983) • 웬디스, 피자헛, KFC(1984) • 맥도널드(1986) • 피자인, 코코스, 크라운베이커리, 나이스데이, 놀부보쌈(1988)

연대	발전내용	주요업체
1990년대	• 외식산업 성장기 • 대기업 외식산업 진출 • 패밀리레스토랑 진출 • 전문점 태동	• TGIF 판다로시(1992) • 시즐러(1993) • 데니스, 스카이락, 케니로저스 (1994) • 토니로마스, 베니건스, 블루노트, BBQ(1995) • 마르쉐(1996) • 칠리스, 우노, 아웃백스테이크하우스(1997)
2000년대	• 외식산업의 전성기 • 식품업계의 외식산업 진출 • 대기업의 외식산업 점령 • 골목상권 장악 • 자금력에 의한 규모화	• 커피(음료)전문점의 강세, 포화 • 해외진출사례 (할리스 토종브랜드)
2010년	정부의 규제와 경기침체로 인한 외식산업 침체기, 외식업의 다양화를 통한 커피전문점의 활성화를 꾀하고 있으나 국내포화로 인한 도산위기, 해외진출의 판로가 절실	• 첫손님가게(2013년2월) -기부문화의 정착 • 공생과 상생의 기로 • 대기업의 골목상권진출 금지 등
2020년	• 프랜차이즈를 중심으로 한 한류 K-Food 확산 • 해외 진출 본격화 • 맛, 웰빙, 디테일이 주도 • 성장 정체	• 놀부 NBG • 치킨 브랜드 • CJ 푸드빌 해외 100호점(2012) • 파리바게트(2015년 해외 200호점 개설)

〈표 17〉 국내 프랜차이즈 산업의 변천사

시대별	구분	주요 브랜드 및 이슈
1970년대	**태동기** • 프랜차이즈 산업모델 국내 첫선 • 기업형 프랜차이즈 탄생	• 1977년 림스치킨 • 1979년 7월 국내 프랜차이즈 1호점 난다랑(동숭동) • 1979년 10월 롯데리아 소공동
1980년대	**도입 및 성장기** • 패스트푸드 도입에 따라 대기업 외식업진출 • 해외 패스트푸드 프랜차이즈 국내 진출 • 한식 프랜차이즈시작 (놀부보쌈/송가네왕족발/감미옥 등) • 88서울 올림픽 개최	• 1982년 페리카나 • 1983년 장터국수 • 1984년 KFC/버거킹/웬디스 • 1985년 피자헛/피자인/베스킨라빈스 • 1986년 파리바게트 • 1987년 투다리 • 1988년 코코스 • 1989년 도미노피자/놀부/멕시카나
1990년대	**성숙기** • 국내 프랜차이즈 기반 구축 • 국내 최초 패밀리 레스토랑 개념 도입 • 1988년 외환위기 • 1989년 (사)한국 프랜차이즈산업협회 설립	• 1990년 미스터피자 • 1991년 원할머니보쌈/교촌치킨 • 1992년 맥도날드/TGIF 사업개시 • 1993년 한솥도시락/미다래/파파이스 • 1994년 데니스/던킨도너츠 • 1995년 베니건스/토니로마스/씨즐러/BBQ • 1996년 김가네/마르쉐/쇼부 • 1997년 빕스/아웃백스테이크/칠리스/우노 • 1998년 쪼끼쪼끼/스타벅스/코바코 • 1999년 BBQ 국내 최초 가맹점 1000호점 달성 • 1999년 (사)한국프랜차이즈협회 설립인가

시대별	구분	주요 브랜드 및 이슈
2000년대	**해외진출 초창기** **일부 업종 포화기** • 국내 외식브랜드 중국, 일본 등 해외진출 가속화 2002년 한일 월드컵 개최 • 치킨프랜차이즈 붐업	• 2000년 미소야, 투다리 중국 청도 진출 • 2001년 퀴즈노스/매드포갈릭/사보텐/파스쿠찌 • 2002년 파파존스/본죽, 분쟁조정협의회 설치 • 2003년 프레쉬니스버그/명인만두/피쉬앤그릴/BBQ 중국 진출 • 2004년 크리스피크림도넛 • 2005년 뚜레쥬르 중국 진출 • 2006년 토다이, 놀부 일본 진출 • 2007년 BBQ 싱가포르 진출
2010년대	**저성장기** **해외진출 가속화** • 식재료 수급 불안정 • 해외진출 가속화 • 외식업관련 법과 제도 정비 • 중소기업 적합업종 선정 • 대기업 빵집 사업 철수 • 공정위 모범거래기준안 발표 • 가맹사업법 추진 • 음식점 금연구역 전면시행(2015) • 디저트 업종 활성화 • 일본, 유럽 등 해외디저트브랜드 도입 활발 • 소프트아이스크림, 팥빙수, 츄러스 등 브랜드 활성화	• 2010년 채선당 인도네시아 진출 • 2012년 파리바게뜨 중국 100호점, CJ푸드빌 해외 100호점 • 2011년 놀부 NBG, 美 모건스탠리PE에 지분 매각, 제스터스, 잠바주스, 망고식스 • 2012년 베코와플, 투뿔등심, 와플트리, 모스버거 • 2013년 바르다김선생, 고봉민김밥, 설빙, 깐부치킨, 이옥녀팥집, 족발중심, 미스터시래기, 고디바, 소프트리 • 2014년 자연별곡, 올반, 계절밥상 등 한식뷔페 • 2015년 11월 미스터 피자 중국 100호점 출점 • 2015년 12월 파리바게트 해외 200호점

<표 18> 시대별 외식브랜드(메뉴)콘셉트의 변화추이

메뉴	시대	외식 브랜드
햄버거	1980~1985	롯데리아, 아메리카나, 빅웨이
면류	1986~1988	장터국수, 다림방, 다전국수, 민속마당, 국시리아, 참새방앗간
양념치킨	1988~1990	페리카나, 처갓집, 림스치킨
보쌈	1990~1992	놀부보쌈, 촌집보쌈, 할매보쌈
우동		언가, 천수, 나오미, 기소야
신개념퓨전 레스토랑		(피자, 햄버거, 아이스크림, 통닭 등 모두 판매) 굿후렌드, 코넬리아, 아톰플라자, 해피타임
쇠고기뷔페	1992~1993	엉클리 외
커피		쟈뎅, 미스터커피, 왈츠, 브레머
피자	1993~1994	시카고피자, 피자헛, 도미노피자
피자뷔페	1994~1996	베네벤토, 아마또, 오케이, 베니토, 카이노스
탕수육		탕수 탕수 외
김밥		종로김밥, 김가네김밥, 압구정김밥
조개구이	1996~1997	조개굽는 마을, 미스조개 열받네, 바다이야기, 조개부인 바람났네
칼국수		봉창이해물칼국수, 유가네칼국수, 우리밀칼국수
북한음식		모란각, 통일의 집, 고향랭면, 발용각, 진달래각
요리주점	1997~1999	투다리, 칸, 천하일품, 대길, 기린비어페스타

메뉴	시대	외식 브랜드
찜닭		봉추찜닭, 고수찜닭, 계백찜닭
참치		참치명가, 동신참치, 동원참치
에스프레소 커피	1999~2001	할리스, 커피빈, 프라우스타, 이디야
돈가스		라꾸라꾸, 하루야, 패밀리언
생맥주		쪼끼쪼끼, 해피리아, 블랙쪼끼, 비어캐빈
아이스크림		레드망고, 아이스베리
회전초밥	2001~2003	스시히로바, 사까나야, 기요스시
하우스맥주		오키스브로이하우스, 플래티늄, 도이치브로이하우스
불닭		홍초불닭, 화계, 맹초불닭
퓨전 오므라이스		오므토토마토, 오므라이스테이, 오므스위트, 에그몽
중저가 샤브샤브	2004~2005	정성본, 채선당, 어바웃샤브
베트남 쌀국수		호아빈, 포베이, 포메인, 포타이

메뉴	시대	외식 브랜드
해물떡찜	2006~2007	해물떡찜0410, 크레이지페퍼, 홍가네해물떡찜
정육형 고깃집	2006~2007	다하누촌, 산외한우마을
저가 쇠고기		아지매, 우스, 꽁돈, 우쌈, 우마루, 행복한 우담
국수	2008~2009	(비빔국수, 잔치국수)망향비빔국수, 명동할머니국수, 산두리비빔국수, 닐니리맘보
일본라멘		하코야, 멘쿠샤, 라멘만땅, 이찌멘
카페	2008~2013	스타벅스, 카페베네, 파리바게뜨
떡볶이	2011~2012	아딸, 죠스, 국대, 동대문엽기떡볶이
샐러드, 집밥	2013~2014	샐러드뷔페, 계절밥상, 자연별곡
디저트카페	2015~2017	몽슈슈, 초코렛바, 빙수 등 디저트

〈표 19〉 업종별 음식점업 현황(2015년 기준)

분류		업체수		종사자수	
		(개)	%	(명)	%
음식점업	한식점업	299,477	65.1	841,125	59.9
	한식점 제외한 총합	159,775	34.9	562,513	40.1
	중국 음식점업	21,503	4.7	76,608	5.5
	일본 음식점업	7,466	1.6	33,400	2.4
	서양 음식점업	9,954	2.2	67,279	4.8
	기타 외국식 음식점업	1,588	0.3	8,268	0.6
	기관 구내 식당업	7,830	1.7	48,000	3.4
	출장 및 이동 음식업	511	0.1	2,620	0.2
	기타 음식점업	110,923	24.2	326,338	23.2
	소계	459,252	100.0	1,403,638	100.0
주점 및 비알콜 음료점업		176,488		420,576	
음식점업(합계)		**635,740**		**1,824,214**	

〈표 20〉 사업장 면적규모별 음식점 분포도(2015년 기준)

사업장 면적규모		음식점수(개)	(%)
30㎡ 미만	(9.3평)	75,977	12.0
30㎡~50㎡	(9.3평~15.4평)	131,003	20.6
50㎡~100㎡	(15.4평~30.9평)	271,277	42.7
100㎡~300㎡	(30.9평~92.6평)	135,299	21.3
300㎡~1,000㎡	(92.6평~302.5평)	19,856	3.1
1,000㎡~3,000㎡	(302.5평~907.5평)	2,057	0.3
3,000㎡	(907.5평)	271	0.1
합　　계		635,740	100.0

〈표 21〉 종사자 규모별 음식점(주점업포함)

(2015년 기준)

종사자규모	음식점수(개)	(%)	종사자수(명)	(%)
1~4명	559,338	88.0	1,170,619	64.2
5~9명	61,176	9.6	375,014	20.6
10~19명	11,685	1.8	147,249	8.0
20명 이상	3,541	0.6	131,332	7.2
합계	635,740	100.0	1,824,214	100.0

<표 22> 년 매출규모별 음식점 및 종사원 분포도

(2015년 기준)

매출규모	음식점수(개)	(%)	종사원수(명)	(%)
50 만원 미만	156,598	34.1	282,449	20.2
50~100만원	150,523	32.8	347,310	24.7
100~500만원	132,474	28.8	503,483	365.9
500~1000만원	15,862	3.4	152,236	10.8
1000만원 이상	4,294	0.9	118,160	8.4
합계	459,252	100.0	1,403,638	100.0

<표 23> 음식점업 시도별 현황(2015)

구분	사업체수	사업체수 비중	종사자수	매출액	업체당 매출액	1인당 매출액
전국	635.7	100	1,824.2	79,579.6	125.1	43.6
서울	116.8	18.4	409.1	19,559.5	167.4	47.8
부산	47.1	7.4	135.7	5,921.2	125.6	43.6
대구	31.4	4.9	84.8	3,513.7	112.0	41.5
인천	29.8	4.7	85.1	3,845.9	128.9	45.2
광주	17.1	2.7	50.3	2,163.1	126.3	43.0
대전	18.3	2.9	54.2	2,559.1	140.0	47.2
울산	16.1	2.5	42.9	2,043.7	126.9	47.6
세종	1.6	0.2	4.1	185.2	116.7	44.7
경기	126.7	19.9	387.3	17,754.4	140.1	45.8
강원	29	4.6	68.8	2,521.8	86.9	36.7
충북	22.7	3.6	56.4	2,227.0	98.0	39.5
충남	28.2	4.4	71.8	3,056.2	108.3	42.6
전북	22.7	3.6	60.2	2,202.3	96.9	36.6
전남	25.6	4.0	60.7	2,262.0	88.5	37.3
경북	41.8	6.6	95.6	3,788.9	90.6	39.6
경남	49.9	7.8	125.4	4,906.1	98.3	39.1
제주	10.8	1.7	31.7	1,039.6	96.5	32.8

〈표 24〉 프랜차이즈 산업 주요 3개국 현황

구분	한국(2015년)	일본(2012년)	미국(2010년)
가맹본부 수	3,482	1,281	2,300
가맹점 수	207,068	240,000	767,000
매출액(년)	약 102조	약 22조 287억 엔	1조 달러
고용인원	124만	200~300만	1,740만
외식업 비중	본부 72% 가맹점 44%	외식업 17.5% (매출기준) 외식업 41.8% (본부기준)	외식업 42% 패스트푸드 31%

〈표 25〉 외식 프랜차이즈 현황

구분	외식가맹 본부 수	전체가맹 본부 수	외식가맹점 수	전체가맹점 수
2011	1,309(64%)	2,042	60,268(40.5%)	148,719
2012	1,598(66.4%)	2,405	68,068(39.8%)	170,926
2013	1,810(67.5%)	2,678	72,903(41.3%)	176,788
2014	2,089(70.3%)	2,973	84,046(44.1%)	190,730
2015	2,251(72.4%)	3,482	88,953(45.8%)	194,199

<표 26> 국내 프랜차이즈 현황(2015 기준)

가맹본부
외식업 72%
서비스업 19%
도 · 소매업 9%

가맹점
외식업 46%
서비스업 31%
도 · 소매업 23%

<표 27> 국내 프랜차이즈 현황(2015 기준)

년도	가맹본부 수	가맹브랜드 수	직영점 수	가맹점 수
2010년	2,042	2,550	9,477	148,719
2015년	3,482	4,288	12,869	194,199

<표 28> 국내 프랜차이즈 업종별 브랜드 수(단위:개)

년도	전체	외식업	서비스업	도소매업
2011년	2,947	1,942	593	392
2012년	3,311	2,246	631	434
2013년	3,691	2,263	743	325
2014년	4,288	3,142	793	353

〈표 29〉 국내 외식 프랜차이즈 가맹점 수(단위:개)

치킨	한식	주점	피자 · 햄버거
22,529	20,119	10,934	8,542
커피전문점	제빵 · 제과	분식 · 김밥	일식 · 서양식
8,456	8,247	6,413	2,520

〈표 30〉 외식 업종별 신생률(단위:%)

업종	수도권				비수도권
	서울	인천	경기	평균	
한식음식점	7.6	8.1	7.9	**7.8**	7.1
중식음식점	7.5	5.4	8.4	**7.7**	5.3
일식음식점	10.7	6.5	11.1	**10.5**	9.0
경양식음식점	9.9	13.6	11.8	**10.6**	10.8
패스트푸드점	9.4	10.9	12.1	**10.8**	13.4
치킨전문점	10.2	10.8	10.7	**10.5**	10.9
분식음식점	6.4	11.5	11.3	**8.5**	9.9
주점	9.6	8.4	10.2	**9.7**	8.0
커피숍	20.7	22.1	24.7	**22.5**	20.0

<표 31> 업종별 활동업체수 증감률(단위:%)

업종	수도권				비수도권
	서울	인천	경기	평균	
한식음식점	-1.3	-0.5	-1.1	-1.1	-0.4
중식음식점	0.1	-2.1	0.2	-0.1	-1.6
일식음식점	3.3	0.6	3.4	3.1	3.3
경양식음식점	1.6	5.7	3.5	2.3	2.0
패스트푸드점	-0.7	4.0	5.3	2.4	7.0
치킨전문점	1.4	0.9	2.9	2.1	3.8
분식음식점	-3.4	0.7	1.4	-1.4	1.9
주점	-0.3	0.2	0.9	0.3	1.2
커피숍	15.1	20.8	20.7	18.0	13.1

<표 32> 업종별 5년 생존율(단위:%)

업종	수도권				비수도권
	서울	인천	경기	평균	
한식음식점	55.4	57.0	56.4	56.0	61.7
중식음식점	63.5	69.6	61.4	63.1	72.2
일식음식점	59.5	50.0	57.3	58.2	68.0
경양식음식점	61.4	48.7	59.3	60.5	61.2
패스트푸드점	53.0	69.4	60.4	58.2	63.9
치킨전문점	61.9	54.7	59.8	60.0	63.4
분식음식점	49.9	54.0	49.8	50.4	58.0
주점	59.0	63.9	58.2	59.1	65.7
커피숍	57.4	64.8	48.7	54.5	51.6

<표 33> 수도권 업종별 생존기간 10년 미만 비율

업종	수도권(%)				비수도권(%)
	서울	인천	경기	평균	
한식음식점	53.9	50.4	56.7	**54.9**	45.9
중식음식점	47.3	45.2	53.7	**49.9**	37.5
일식음식점	63.5	46.4	62.2	**61.7**	54.0
경양식음식점	59.4	64.5	64.7	**61.2**	56.7
패스트푸드점	78.2	73.8	69.4	**73.7**	62.6
치킨전문점	68.5	69.7	71.6	**70.3**	66.5
분식음식점	43.6	65.7	64.3	**52.7**	57.0
주점	58.8	52.0	61.3	**59.1**	55.3
커피숍	86.5	76.2	84.4	**84.5**	70.3

<표 34> 업종별 상주인구기준 포화도 상위 지역

업종	서울	인천	경기
한식음식점	중구(3.6)	옹진군(2.1)	가평군(3.5)
중식음식점	중구(3.5)	중구(2.3)	가평군(2.8)
일식음식점	중구(3.8)	강화군(1.9)	평택시(2.9)
경양식음식점	종로구(2.9)	중구(2.0)	포천시(3.0)
패스트푸드점	강남구(4.7)	중구(1.5)	가평군(3.6)
치킨전문점	중구(2.4)	동구(1.6)	연천군(2.7)
분식음식점	종로구(3.3)	동구(1.9)	연천군(4.0)
주점	마포구(2.4)	부평구(1.3)	구리시(2.5)
커피숍	중구(3.9)	강화군(1.8)	연천군(3.2)

<표 35> 2015년 활동업체 현황(단위:개,%)

		전국	수도권				비수도권
			서울	인천	경기	평균	
한식 음식점	개수	289,358	53,092	11,408	58,235	**122,735**	166,623
	증감	-2,015	-680	-56	-623	**-1,359**	-656
	증감률	-0.7	-1.3	-0.5	-1.1	**-1.1**	-0.4
중식 음식점	개수	21,428	4,030	999	3,970	**8,999**	12,429
	증감	-218	4	-21	6	**-11**	-207
	증감률	-1.0	0.1	-2.1	0.2	**-0.1**	-1.6
일식 음식점	개수	12,784	4,844	645	2,499	**7,988**	4,796
	증감	394	155	4	82	**241**	153
	증감률	3.2	3.3	0.6	3.4	**3.1**	3.3
경양식 음식점	개수	27,023	9,463	575	4,141	**14,179**	12,844
	증감	568	148	31	139	**318**	250
	증감률	2.1	1.6	5.7	3.5	**2.3**	2.0
패스트 푸드점	개수	8,283	1,738	366	1,837	**3,941**	4,342
	증감	378	-13	14	93	**94**	284
	증감률	4.8	-0.7	4.0	5.3	**2.4**	7.0
치킨 전문점	개수	36,895	5,745	1,987	8,966	**16,698**	20,197
	증감	1,085	80	18	250	**348**	737
	증감률	3.0	1.4	0.9	2.9	**2.1**	3.8
분식 음식점	개수	41,454	12,075	2,094	7,171	**21,340**	20,114
	증감	73	-423	15	102	**-306**	379
	증감률	0.2	-3.4	0.7	1.4	**-1.4**	1.9
주점	개수	65,775	12,396	3,908	13,941	**30,245**	35,530
	증감	512	-39	6	120	**87**	425
	증감률	0.2	-0.3	0.2	0.9	**0.3**	1.2
커피숍	개수	50,270	11,055	2,446	9,712	**23,213**	27,057
	증감	6,666	1,453	421	1,664	**3,538**	3,128
	증감률	15.3	15.1	20.8	20.7	**18.0**	13.1

<표 36> 국내 주요 50개 외식업체 2016년 실적

	법인명	대표브랜드	매출액		
			2016년	증감률	2015년
1	파리크라상	파리바게뜨	1,777,178,739,028	2.86%	1,727,743,711,101
2	CJ푸드빌	빕스	1,250,423,221,494	3.66%	1,206,274,856,583
3	스타벅스코리아	스타벅스	1,002,814,318,251	29.58%	773,900,207,510
4	롯데GRS	롯데리아	948,881,502,698	-1.17%	960,107,706,719
5	이랜드파크	애슐리	805,448,929,846	11.06%	725,259,064,288
6	농협목우촌	또래오래	539,706,247,053	06.05%	574,447,698,787
7	비알코리아	던킨도너츠	508,589,410,709	-2.24%	520,244,187,126
8	교촌에프앤비	교촌치킨	291,134,570,511	13.03%	257,568,343,023
9	비케이알	버거킹	253,165,340,964	-9.10%	278,519,490,955
10	제너시스BBQ	BBQ	219,753,548,128	1.80%	215,859,733,466
11	청오디피케이	도미노피자	210,258,669,230	7.61%	195,397,386,682
12	해마로푸드서비스	맘스터치	201,871,094,029	35.82%	148,630,305,769
13	에스알에스코리아	KFC	177,025,154,533	1.32%	174,724,909,649
14	더본코리아	새마을식당	174,871,404,102	41.18%	123,861,782,375
15	본아이에프	본죽	161,915,426,742	12.99%	143,298,606,904
16	이디야	이디야커피	153,544,611,986	13.30%	135,521,376,709
17	지앤푸드	굽네치킨	146,963,838,585	49.35%	98,403,070,608
18	커피빈코리아	커피빈	146,020,774,483	5.10%	138,938,692,307
19	할리스에프앤비	할리스커피	128,620,870,080	18.45%	108,584,230,041
20	놀부	놀부부대찌개	120,371,880,274	0.61%	119,644,883,536
21	엠피그룹	미스터피자	97,057,713,543	-12.03%	110,334,442,101
22	한솔	한솥도시락	93,450,170,833	8.69%	85,977,883,670
23	탐앤탐스	탐앤탐스	86,904,811,559	-2.09%	88,763,650,721
24	아모제푸드	카페아모제	77,709,476,186	-10.79%	87,021,856,784
25	카페베네	카페베네	76,579,195,280	-30.45%	110,110,201,113
26	토다이코리아	토다이	75,712,432,549	1.81%	74,366,111,820
27	원앤원	원할머니보쌈	75,335,571,616	-1.76%	76,685,431,644
28	디딤	신마포갈매기	65,752,103,510	6.20%	61,915,832,179
29	엔티스	경복궁	64,214,566,518	0.04%	64,191,883,374
30	전한	강강술래	62,605,427,065	16.76%	53,617,791,947

	법인명	대표브랜드	영업이익		
			2016년	증감률	2015년
1	파리크라상	파리바게뜨	66,466,341,645	-2.83%	68,401,992,788
2	CJ푸드빌	빕스	7,612,835,874	-27.61%	10,515,825,667
3	스타벅스코리아	스타벅스	85,263,869,944	80.87%	47,141,285,776
4	롯데GRS	롯데리아	19,265,680,668	43.52%	13,423,529,274
5	이랜드파크	애슐리	-13,042,395,296	적자지속	-18,567,855,117
6	농협목우촌	또래오래	2,388,904,185	-43.58%	4,234,412,263
7	비알코리아	던킨도너츠	40,507,512,902	-21.78%	51,789,190,475
8	교촌에프앤비	교촌치킨	17,697,273,857	16.81%	15,150,420,135
9	비케이아알	버거킹	10,753,419,177	-11.41%	12,138,378,984
10	제너시스BBQ	BBQ	19,119,575,719	37.65%	13,889,867,948
11	청오디피케이	도미노피자	26,148,974,238	14.85%	22,763,349,909
12	해마로푸드서비스	맘스터치	17,257,002,377	93.95%	8,897,630,011
13	에스알에스코리아	KFC	-12,262,188,782	적자전환	2,519,865,023
14	더본코리아	새마을식당	19,762,485,462	80.08%	10,974,482,886
15	본아이에프	본죽	9,643,020,060	108.54%	4,624,133,933
16	이디야	이디야커피	15,785,054,983	-3.36%	16,333,174,813
17	지앤푸드	굽네치킨	14,074,334,840	150.02%	5,629,268,870
18	커피빈코리아	커피빈	6,415,508,347	63.97%	3,912,507,369
19	할리스에프앤비	할리스커피	12,733,558,418	85.71%	6,856,590,390
20	놀부	놀부부대찌개	4,471,311,917	71.67%	2,604,572,263
21	엠피그룹	미스터피자	-8,906,726,136	적자지속	-7,258,907,426
22	한솥	한솥도시락	7,537,969,650	-3.90%	7,844,235,483
23	탐앤탐스	탐앤탐스	2,361,398,129	-46.33%	4,399,702,445
24	아모제푸드	카페아모제	-691,750,183	적자지속	-514,452,289
25	카페베네	카페베네	-554,827,454	적자지속	-4,381,991,762
26	토다이코리아	토다이	1,890,163,061	-34.38%	2,880,632,811
27	원앤원	원할머니보쌈	1,906,415,161	28.04%	1,488,921,918
28	디딤	신마포갈매기	5,531,547,756	109.18%	2,644,406,000
29	엔티스	경복궁	3,495,529,796	6.93%	3,268,846,170
30	전한	강강술래	6,253,723,716	156.51%	2,438,038,325

	법인명	대표브랜드	당기순이익		
			2016년	증감률	2015년
1	파리크라상	파리바게뜨	55,101,759,875	6.56%	51,707,226,710
2	CJ푸드빌	빕스	5,213,030,763	흑자전환	-7,399,515,626
3	스타벅스코리아	스타벅스	65,250,646,249	130.68%	28,286,458,919
4	롯데GRS	롯데리아	-11,328,471,862	적자지속	-57,188,774,814
5	이랜드파크	애슐리	-80,415,701,255	적자전환	3,259,340,450
6	농협목우촌	또래오래	176,061,903	-96.06%	4,474,241,678
7	비알코리아	던킨도너츠	35,748,612,156	-17.04%	43,090,305,701
8	교촌에프앤비	교촌치킨	10,333,269,262	48.13%	6,975,624,101
9	비케이알	버거킹	8,041,478,568	-6.98%	8,644,484,103
10	세너시스BBQ	BBQ	5,622,355,657	-25.79%	7,575,978,570
11	청오디피케이	도미노피자	20,886,060,816	15.86%	18,027,199,494
12	해마로푸드서비스	맘스터치	9,295,865,326	52.53%	6,094,487,395
13	에스알에스코리아	KFC	-18,989,243,531	적자전환	1,239,410,933
14	더본코리아	새마을식당	19,246,938,573	176.53%	6,960,110,664
15	본아이에프	본죽	6,541,937,183	666.68%	853,282,435
16	이디야	이디야커피	11,157,627,325	-14.73%	13,085,209,896
17	지앤푸드	굽네치킨	9,051,485,230	98.68%	4,555,730,841
18	커피빈코리아	커피빈	4,274,213,864	68.04%	2,543,614,329
19	할리스에프앤비	할리스커피	9,112,688,828	97.97%	4,603,109,833
20	놀부	놀부부대찌개	34,729,365	흑자전환	-1,185,695,358
21	엠피그룹	미스터피자	-13,169,290,522	적자지속	-5,685,686,269
22	한솥	한솥도시락	5,937,412,411	-6.94%	6,379,860,772
23	탐앤탐스	탐앤탐스	-2,700,843,324	적자전환	1,006,075,983
24	아모제푸드	카페아모제	-2,894,719,809	적자지속	-2,831,863,842
25	카페베네	카페베네	-24,199,662,544	적자지속	-33,998,615,819
26	토다이코리아	토다이	-302,769,030	적자전환	60,192,423
27	원앤원	원할머니보쌈	1,050,809,166	-46.68%	1,970,922,444
28	디딤	신마포갈매기	3,882,856,783	206.73%	1,265,883,943
29	엔티스	경복궁	870,450,996	62.51%	535,619,685
30	전한	강강술래	4,044,752,337	204.26%	1,329,361,651

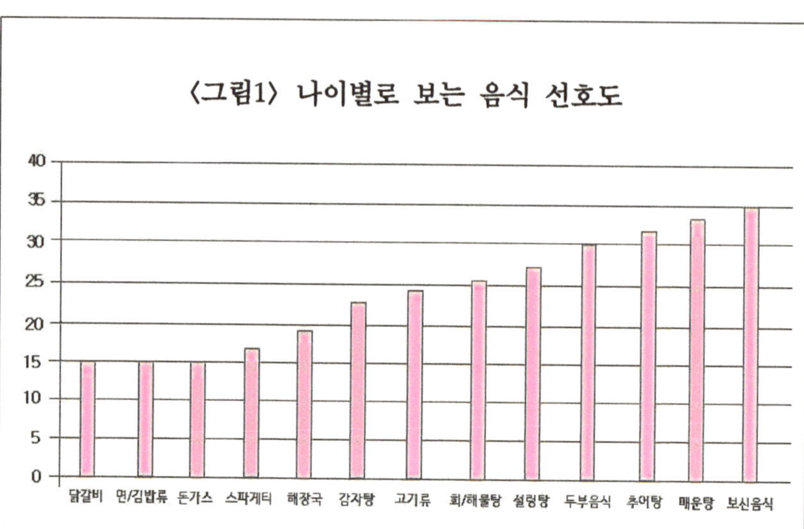

〈그림1〉 나이별로 보는 음식 선호도

〈표 37〉 외식장소 선택기준

연도	식당 선택기준
1985년	가격, 맛, 위생
1990년	맛, 청결, 가격
1995년	맛(87.1%), 서비스(4.6%), 분위기(4.4%)
2000년	맛(77%), 서비스(37.4%), 분위기(32.7%)
2005년	맛(72.3%), 가격(15.5%), 양(4.4%)
2010년	맛(71.2%), 분위기(10.2%), 교통(8.4%)
2015년	맛(82.6%), 분위기(25.2%), 교통(21.3%)
2017년	맛(77.3%), 분위기(7.1%), 가까운 위치와 교통(6.8%)

〈표 38〉 상권별 특징

구분	특징
오피스	- 말, 저녁 공백. - 직장인 상권의 경우 짧은 이동을 선호하는 경향이 강하여 어디에 입지하는가가 중요함. - 따라서 오피스 이면 유동인구가 많은 곳이 상대적으로 유리. - 직장인을 목표시장으로 하는 만큼 규모를 크게 하고 현대화된 환경으로 창업하는 것이 유리.
역세권	- 영업시간이 상대적으로 길고 자영업자의 피로도가 큼. - 24시간 성황, 주말 유입인구가 크고 업종이 다양하며 유흥성향이 상대적으로 강한 상권 곱창전문점은 B급지에 입지하는 것이 적당,
대학가	- 찾아다니며 소비하는 성향이 강해 상권이 넓게 형성. 따라서 입지 선택의 여건이 상대적으로 양호.
주택가	- 평일 공백 - 가족단위 소비자를 유입할 수 있는 환경을 구축하는 것이 필요
전문 쇼핑가	- 업종별 군집형태로 상권 발달 - 쇼핑가 자영업자를 목표시장으로 전문상가 인근에 입지

〈표 39〉 보쌈전문점 최적의 상권입지

적합상권 유형		장·단점
제1후보지 주택가 진입로변상권	장점	보쌈전문점 주 수요층의 접근성이 좋은 대단위 주택가 진입로 변 1층 매장이 가장 적합하다.
	단점	주택가 상권의 경우 직장인 수가 적다. 점심 매출이 기대만큼 나오지 않을 수 있다.
제2후보지 아파트 주거지역	장점	거주밀집지역의 틈새상권도 좋다. 배달을 전문으로 하는 소규모 업체라면 적극 추천한다.
	단점	틈새 입지개발이 쉬운 일이 아닌 만큼 단골을 만들기 위한 노력이 필요하다.
제3후보지 역세권, 오피스밀집 상권	장점	직장인 유동인구가 많은 역세권이나 오피스밀집상권, 먹자상권은 어떤 아이템이 들어가도 반은 먹고 들어갈 수 있다.
	단점	보증금, 월세, 권리금이 높아 매출은 높으나 수익성이 떨어질 수 있다.

〈표 40〉 장어전문점의 최적 상권입지

제1후보지 사무실 밀집지역 및 도심 오피스상권 먹자골목		제2후보지 도심외곽 관광지 및 강변상권		제3후보지 주택가로 이어지는 대로변	
장점	단점	장점	단점	장점	단점
주택가 상권보다는 관공서 주변상권과 회식 수요가 있는 사무실 밀집지역이 적합하다. 30~50대 남성들의 분포가 많은 지역이라 장어의 수요가 많다.	직장인들을 대상으로 하는 저렴한 가격의 점심 메뉴를 개발해야 한다. 주5일 근무로 주말 매출이 저조할 수 있다.	장어 전문점은 보양식품이라는 인식이 크기 때문에 도심 한가운데보다 외곽지역에서 장어를 찾는 사람들이 많다. 임진강 일대, 고창 선운사 일대, 남양주 운길산역 일대가 장어타운이 형성된 이유다.	주말고객층과 평일고객층의 편차가 크다는 점이다. 수도권 상권의 경우 평일 접근성이 높은 지역 선정이 중요하다.	장어전문점 특성상 주택가 진입로 대로변 매장이 관건이다. 눈에 띄는 입지가 목적 구매고객을 공략할 수 있다.	평일 낮 매출을 담보하기 어렵다. 주부들의 계모임이나 동네의 크고 작은 행사를 유치하는 등 매출증대를 위한 전략을 세울 필요가 있다.

<h3 align="center">〈표 41〉 갈비 전문점의 최적의 상권입지</h3>

적합상권 유형		장·단점
제1후보지 (대단위 아파트 상권 내 외식상권)	장점	갈비 전문점의 주 수요층이라고 할 수 있는 주부·가족단위고객을 공략하는 데는 1만 세대 이상이 거주하는 아파트상권이 적합하다
	단점	아파트상권의 경우 분양가 거품으로 인해 점포임대가가 높기 때문에 자칫 투자 수익률이 떨어질 수 있는 위험성이 있다.
제2후보지 (주택가상권 대로변 입지)	장점	갈비 전문점은 대형화 전문화 바람을 타고 있는 아이템이다. 가시성과 접근성이 좋은 주택가 상권 진입로 대로변을 추천한다. 대형매장을 공략한다면 지역의 랜드마크 역할을 하면서 안정 수익을 확보할 수 있다.
	단점	대형 매장의 경우 점포구입비와 점포 시설투자비가 높다. 초기투자 비용이 상당하므로 쉽사리 진행하기 어렵다.
제3후보지 (역세상권 내 먹자골목)	장점	지속적인 안정 수요층을 확보하는 데는 역세상권의 먹자골목도 나쁘지 않다.
	단점	먹자골독 내의 경쟁점포가 많기 때문에 자칫 먹자골목 경쟁우위를 점유하지 못한다면 상권 내 경쟁구도에서 밀려날 수 있는 위험성이 높다.

<표 42> 닭갈비 전문점, 대학가·먹자골목 최적의 상권 입지

적합상권 유형		장·단점
제1후보지 (지하철역 인근 먹자골목)	장점	지하철역 인근 먹자골목이나 중심상가 이면도로는 닭갈비 전문점의 최적 입지다. 내부가 들여다보이는 1층 매장이면 더욱 좋다. 우선 유동인구가 많고, 저녁모임이 많이 이루어지는 곳이라 소모임이나 회식수요가 많다.
	단점	주 영업시간이 밤이기 때문에 늦은 시간까지 영업을 해야 한다. 체력이 뒷받침되지 않으면 운영에 차질을 빚을 수 있다.
제2후보지 (대학가 주변)	장점	닭갈비에 대한 선호도가 가장 높은 계층이 모이는 지역이다. 맛과 서비스에 관리를 잘하면 단골손님 확보가 용이하다.
	단점	점포 구입단계에서 투자비용이 높다. 물건을 구하기도 쉽지 않다. 어설프게 접근하면 손해만 볼 확률이 높다.
제3후보지) (사무실주변 유동인구 많은 곳)	장점	직장인들의 모임 장소로 콘셉트를 잡는 게 중요하다. 점심메뉴를 개발해 점심영업을 기대 할 수 있다.
	단점	주말 매출을 기대하기 어렵다. 저녁 매출이 중요한 업종이지만, 퇴근시간대 매출이 생각만큼 나오지 않을 가능성도 있다.

관통도로와 교통량에 따른 매출

관통도로란 시 경계선에서 시내와 시외를 연결하는 주요 도로를 말한다. 적은 자본으로 음식 장사로 한몫 잡고 싶다면 이들 관통도로의 교통량을 분석하는 것이 좋다. 국내에는 도시 크기가 매우 크고 근처에 거대 위성 도시를 끼고 있어도 관통도로에 하루 20만대가 넘는 교통량을 보이는 지역이 없다. 그럼 관통 도로의 교통량이 대강 어느 정도이면 음식점의 장사가 잘되는 것일까?

교통량이 많이 발생하는 관통 도로에는 도로를 따라 여러 개의 핵심 상권이 자생하고 있다. 음식점을 이 핵심 상권에 입점시키는 것도 좋은 방법이지만 건물 임대료가 비싸다. 이럴 경우에는 교통량을 믿고 대로변에 음식점을 입점시키는 것도 생각해볼 만하다. 남태령 고개를 예로 들어보면, 남태령 고개는 경기도 과천과 서울 사당동을 연결하는 고개 이름이다. 이 고개를 따라 서울 방향으로 발전한 상권이 사당동 역세권이다. 그 밑으로는 방배동 상권이 있다. 예전에는 시계를 연결하는 단순한 도로에 불과했으나 서울 외곽에서 서울 시내로 출퇴근하는 사람들이 많아지면서 사당동은 대형 상권으로 발전하였다.

관통 도로와 같은 대로변에 음식점을 입점시킬 때는 하루 평균 5만 대 정도의 교통량이 발생하는 도로로 생각해볼 만하다. 5만 대 수준이면 대강 맛이 있거나 분위기가 있는 요식업소라면 매출이 일정 이상으로 발생한다.

그렇다면 교통량 계산은 어떻게 하나? 어떤 한 지점의 교통량은 일반적으로 출근이 시작되는 아침 7시를 전후로 해서 늘어나기 시작한 뒤 8시부터 9시 사이가 그날의 최고 피크 타임이 된다. 그런 뒤 교통량이 일정 수준으로 계속 유지되다가 오후 퇴근 시간이 되자 교통량이 다소 늘어났다가 새벽 1시면 현저하게 줄어든다는 공통점이 있다.

즉 아침 9시대에 피크를 이루고 점심을 전후로 약간씩 줄어들었다가 저녁 퇴근 시간대에 다시 피크를 이룬 뒤 새벽 1시까지 천천히 감소하다가 새벽 1시를 넘으면 현저하게 줄어든다. 이로 인해 아침 피크 시간대의 교통량과 교통량이 제일 적은 새벽 4시경의 교통량은 3배에서 5배 정도의 차이가 발생한다.

교통량 조사 방식

관통 도로에서의 교통량은 오전(07~09시), 점심(11~14시), 퇴근 시간(17~19시) 사이에 측정한다. 새벽 1시부터 아침 7시까지의 교통량은 피크 타임의 3분의 1로 계산한 후 평균을 잡으면 하루 교통량의 윤곽이 대강 잡힌다.

일반적으로 주거 지역에서는 21시~23시 사이에 교통량이 점차 줄어들지만, 심야 영업이 활발한 지역은 21시~23시경에 다소 교통량이 늘어나는 특징을 가지고 있다. 따라서 술집을 창업하려면 그 지역(먹자골목 등)의 밤 21시부터 23시까지의 교통량을 측정하는 것이 좋다. 만일 21시를 기준으로 시간당 교통량의 유입 유출 합계가 3천대 이상이라면 그 지역은 심야 상권이 활발한 지역이라고 볼 수 있다.(밤 9시부터 10시까지 3천대 이상의 유동량을 보이는 도로라면 그 도로는 교통 정체가 상당히 심한 도로라고 말할 수 있다.)

〈표 43〉 서울의 관통 도로 교통량

도로 명	교통량(대)
양재대로	약 13만
시흥대로	약 12만
하일동	약 10만
남태령	약 9만
통일로	약 9만
도봉로	약 7만 9천
망우리	약 7만 7천
복정 검문소	약 6만
서하남	약 6만
서오릉	약 4만

한정식 전문점/ 산채요리 전문점/나물요리 전문점/ 약선요리 전문점/ 궁중요리 전문점/ 사찰음식 전문점/ 한식당/ 한식배달 전문점/ 생선구이백반 전문점/ 연탄구이백반 전문점/ 우렁된장 전문점/ 대통밥 전문점/ 중화요리 전문점/ 중화요리 뷔페/ 테이크아웃 중화요리 전문점/ 중화요리 패밀리 레스토랑/ 기사식당/ 5,000원 기사식당/ 돼지김치찌개 전문 기사식당/ 해물탕 전문 기사식당/ 연탄구이 기사식당/ 일식집/ 활어횟집/ 장어 전문점/ 초밥 전문점/ 퓨전초밥 전문점/ 회전초밥 전문점/ 일본음식 전문점/ 보쌈 전문점/ 부대찌개 전문점/ 수제 부대찌개 전문점/ 빈대떡 전문점/ 족발 전문점/ 닭갈비 전문점/ 찜닭 전문점/ 바비큐 치킨 전문점/ 통닭 전문점/ 닭볶음탕 전문점/ 삼계탕 전문점/ 죽 전문점/ 덮밥 전문점/ 비빔밥 전문점/ 돌솥밥 전문점/ 가마솥밥 전문점/ 철판볶음밥 전문점

참치회 전문점/ 꽃게탕 전문점/ 해물탕 전문점/ 민물새우 전문점/ 낙지요리 전문점/ 랍스타 전문점/ 조개구이 전문점/ 꼬치구이 전문점/ 밴댕이요리 전문점/ 올갱이국 전문점/ 돼지갈비 전문점/ 삼겹살 전문점/ 생고기 전문점/ 연탄불고기 전문점/ 화로 숯불고기 전문점/ 한우 전문점/ 떡볶이 전문점/분식 전문점/ 만두 전문점/ 즉석김밥 전문점/ 카레요리 전문점/ 수제어묵 전문점/ 수제 햄버거 전문점/ 수제핫도그 전문점/ 호두과자 전문점/ 왕만두 전문점/ 멸치국수 전문점/ 잔치국수 전문점/ 회국수 전문점/ 막국수 전문점/ 우동 전문점/ 라면 전문점/ 칼국수 전문점/ 손칼국수 전문점/ 콩칼국수 전문점/ 바지락 칼국수 전문점/ 수제비 전문점/ 닭수제비 전문점/ 퓨전음식 전문점/ 일식돈가스 전문점/ 바비큐 전문점/ 샤브샤브 전문점/ 버섯요리 전문점/ 두부요리 전문점/ 두루치기 전문점/ 보리밥 전문점/ 쌈밥 전문점/ 떡갈비 한정식 전문점

추어탕 전문점/ 매운탕 전문점/ 동태탕 전문점/ 감자탕 전문점/ 영양탕 전문점/ 오리요리 전문점/ 설렁탕 전문점/ 해장국 전문점/ 뼈다귀 해장국 전문점/ 콩나물 해장국 전문점/ 소해장국 전문점/ 카페/ 락카페/ 북카페/ 룸카페/ 커피숍/ 룸커피숍/ 테이크아웃 커피 전문점/ 보드게임 카페/ 막걸리 전문점/ 연탄불 생선구이 주점/ 일본식 주점/ 퓨전 주점/ 연탄불 안주 주점/ 철판요리 주점/ 포차 주점/ 맥주 전문점/ 세계맥주 전문점/ 호프 전문점/ 소주방/ 단란주점/ 룸살롱/ 노래방/ 비즈니스 바/ 웨스턴 바/ 칵테일 바/ 마술쇼 바/ 모던 바/ 클럽/ 제과점/ 떡 전문점/ 피자 전문점/ 파스타 전문점/ 스파게티 전문점/ 이태리요리 전문점/ 프랑스요리 전문점/ 터키요리 전문점/ 베트남쌀국수 전문점/ 양꼬치 전문점/ 말고기 전문점/ 북한음식 전문점/ 외국음식 전문점/ 패스트푸드/ 패밀리 레스토랑/ 샐러드 레스토랑/ 해물 뷔페/ 고기 뷔페/ 가든형 음식점/ 반찬집/ 1만원 고기안주 주점/ 1만원 해산물안주 주점/ 무한리필 안주 주점/ 무한리필 음식 전문점/ 무한 토핑 주점

〈표 44〉 추정소요자금 계획

과목	금액		비고
1. 매출액		0	서비스매출 + 상품매출
1) 서비스	0		(서비스매출)
2) 상품매출	0		(상품 또는 음식 판매 매출)
2. 매출원가		0	상품의 원가
3. 매출이익		0	매출액 - 매출원가
4. 판매관리비		0	
1) 급료	0		직원급여, 사업자급여
2) 복리후생비	0		직원복리후생, 4대보험, 식대 등
3) 임차료	0		임차료
4) 수도광열비	0		전기세, 수도세, 가스 등
5) 통신료	0		전화, 인터넷, 휴대폰
6) 수수료	0		세무대행료, 신용카드 수수료, 정수기, POS 등
7) 소모품비	0		1회용품, 청소용품, 주방용품
8) 감가상각비	0		취득원가-잔존가치/내용연수
9) 광고비	0		전단지, 홍보비 등
10) 기타경비		0	
5. 영업이익		0	매출이익 - 판매관리비
6. 영업외 비용	0		
1) 지급이자		0	대출금은행이자
7. 영업외 수익		0	이자수익 등
8. 경상이익		0	영업이익 – 영업외비용 + 영업외수익
9. 세전순이익		0	경상이익 – 특별손실 + 특별이익
10. 세금		0	1년 부가가치세, 소득세/12개월
11. 순손익		0	세전순이익 - 순이익

매출액 추정과 투자 수익률 분석
매출액 추정 방법 1개월 동안의 수익 X 12개월 = 적정 권리금
월 매출액 통행인구수 X 내점률 X 1인구매단가(객단가) X 월간 영업일수

〈표 45〉 투자수익률 및 투자회수기간 판단 기준

사업성 판단기준	투자수익률	투자비회수기간
매우 우수	4.3% 이상	2년 이내 회수
우수	3~4.2%	2~3년 회수
보통	2.2~3%	3~4년 회수
불량	2.1% 미만	4년 이상 회수

〈표 46〉 입지 후보지 선정

1	업종(목적)분석	아이템의 소비시간, 소비수준, 소비층, 소비행동, 경쟁점, 보완점을 분석한다.
2	유사업종군집화	소비패턴과 소비특성 등이 유사한 업종을 군집화한다.
3	1차 지역선정	군집화된 업종의 환경 조사
4	적합도 분석	상권과 업종의 적합도와 경쟁점과 보완점을 조사한다.
5	2차 후보지선정	적합도가 높으며, 임대조건 등이 좋은 지역 선정
6	변화요인 분석	도시계획, 공급률 등을 조사하여 미래변화요인을 조사한다.
7	타당성 분석	추정손익, 투자대비, 수익률 등 사업타당성을 분석한다.
8	최종	최종 결정

〈표 47〉 환경 분석(3C 분석)

3c	분석 내용	전략 방향
Customer	- 상권 반경 1km 내 - 배후세대를 주택가로 두고 있는 2종 근린생활 상권 - 30~40대 매니아층, 가족 수요 상존 - 31,500세대, 88,700명(주택 80%)	양질의 제품 확보 정당한 가격 정책
Company	- 기능적 능력의 확보 - 공급자 확보 - 20년 이상 거주로 잠재 수요 확보	제품의 질 유지
Competitor	- 경쟁점포 7개소(곱창 6, 양구이 1) - A급 경쟁점포 1개 - 경쟁점 대비 차별화 요소 약함 - 기존 점포의 고객 충성도 높음	양심의 제품 공급과 마케팅으로 새로운 맛집으로 부상

<표 48> 사업 방향의 설정

구분	사업 방향 설정
목표고객	- 상권 내 30~40대 - 배후세대 가족 고객
핵심경쟁력	- 기술적 능력 - 양질의 제품에 대한 지속적인 제공능력
실행방안	- 독산동 내장 도매상과의 협업 - 블로그 운영 - 스토리텔링에 의한 고객충성도 고취
업종현황 및 전망	- 공급이 한정적이고 손질에 어려움이 있는 반면, 매니아층을 중심으로 수요가 꾸준하여 향후 전망 또한 안정적임.

<표 49> 시설계획

인테리어 컨셉	-젠 스타일 추구로 유행을 타지 않으면서 안정감 추구 -가족 고객을 위한 편안한 테이블 셋팅 -배연 시설에 중점			
시설 계획	-동선을 고려한 설계 -주방면적, 홀 면적, 테이블 수, 마감재 기재 철거, 목공, 전기, 조명, 마감 계획의 구체화 -간판 디자인			
시설 자금	품명	수량(m²)	3.3m² 당 단가	금액
	인테리어(홀)	66	800,000	16,000,000
	인테리어(주방)	19	400,000	2,000,000
	잡기 비품 등			5,000,000
	간판 외			2,000,000
	합계			25,000,000

<표 50> 구매계획

구매전략	-독산동 내장 소매상 2곳 이상 확보 -세금계산서 수취가 가능한 식자재 업체 확보 -결제조건, 반품 조건 등을 명확히 함. -집기 비품 구매 목록표 작성					
식자재	구입품명	구입처	거래조건	연락처	금액	비고
	곱창, 양깃머리 외					
	식자재					
	주류					
집기/비품	주방 용품					
	홀 용품					

<표 51> 판매계획

판매계획	메뉴명	수량(g)	단가	금액(일)	비고
	곱창	200	15,454	772,700	
	양깃머리	200	20,000	200,000	
	곱창모듬	200	13,636	272,720	
	염통	200	9,090	45,450	부가세 별도
	간, 천엽		4,545	22,725	
	주류		2,727	149,985	
	합계			1,463,580	

〈표 52〉 원가계획

매출원가	원부자재	소요량(일)	구입단가	금액	비고
	곱창	1보			
	양깃머리	2kg			
	막창	1보			

〈표 53〉 인력 및 인건비 계획

직책	인원	급여	총액	비고
실장(주방/홀)	2	1,600,000	3,200,000	
직원(홀)	2	1,400,000	2,800,000	
보조(주방)	1	800,000	800,000	
합계	5	3,800,000	6,800,000	

〈표 54〉 소요자금 및 조달계획

구분		내역	금액	산출근거
소요자금	시설자금	임차보증금	40,000,000	임대차계약서
		권리금	20,000,000	권리양도계약서
		인테리어비	20,000,000	견적서
		집기 비품	5,000,000	견적서
		소계	85,000,000	
	운영자금	운영자금	25,000,000	매출계획의 약 65%
		소계	25,000,000	
	합계		110,000,000	
조달계획	자기자금	현금/예금	70,000,000	통장
		소계	70,000,000	
	타인자금	은행대출	10,000,000	
		정책자금	30,000,000	창업자금
		소계	40,000,000	
	합계		110,000,000	

〈표 55〉 손익계획

과목	금액		산출근거
1.매출액		39,516,000	매출계획(27일영업일)
2.매출원가		15,806,000	(40%)
3.매출이익		23,710,000	
4.일반관리비		13,875,000	(가~자 합계액)
가.급료	6,800,000		인력계획 참조
나.임차료	5,060,000		
다.관리비	600,000		
라.수도광열비	400,000		
마.통신비	50,000		
바.복리후생비	250,000		
사.광고선전비	100,000		
아.잡비	200,000		
자.잠가상각비	415,000		
5.영업이익		9,835,000	
6.영업외비용		100,000	
가.지급이자	100,000		약 25%
7.영업외수익			
8.경상이익		9,735,000	

〈표 56〉 곱창이야기 수익성

구분	15평(49.5m)	30평(99.1m)
테이블수	일일 2회 기준 테이블수X테이블단가40,000 ▶360,000X2회 ▶720,000	일일 2회 기준 테이블수18X테이블단가40,000 ▶720,000X2회 ▶1,440,000
예상매출	일일 2회 기준 테이블수X테이블단가40,000 ▶360,000X2회 ▶720,000	일일 2회 기준 테이블수18X테이블단가40,000 ▶720,000X2회 ▶1,440,000
예상월매출	영업일30X일매출→ 21,600,000	영업일수30X일매출→43,200,000

〈표 57〉 곱창이야기 창업비용

구분	15평	30평	내용
월매출	21,600,000	43,200,000	
매출원가	8,610,000	17,280,000	원재료+식자재+주류+야채류
건물임대료	2,600,000	4,000,000	임대료/관리비
인건비	4,000,000	7,000,000	15평 주방1 홀2 4,000,000 30평 주방1 홀4 7,000,000
전기,가스 공과금	1,000,000	2,000,000	전기,수도,가스,공과금 등
잡비	500,000	1,000,000	기타 소모품 및 식대
소계	16,140,000	31,280,000	
영업이익	5,460,000	11,920,000	원매출-지출경비(소계)

〈표 58〉 한식당 창업비용의 예

구분	내용	20평	30평	40평	50평	60평	70평
가맹비	브랜드 사용권, 지역독점부여권, 조리교육, OPEN지원 3일	500	500	500	500	500	500
교육비	경영, 조리, 매뉴얼제공, 본사 노하우제공, 조리교육 3일	200	200	200	200	200	200
인테리어	목공사, 전기공사, 설비공사, 도장공사, 유리, 도배, 주방, 바닥 시공, 조명, 덕트 등 일체포함	3,000	4,500	6,000	7,500	9,000	10,500
주방기기	냉장고 및 냉동고, 간택기, 육수냉장고, 싱크대,찬 냉장고, 작업대, 밥솥, 컵소독기, 스텐선반, 홀싱크대, 상부선반, 초벌대	37	37	37	37	37	37
주방 및 홀 집기	그릇 및 주방집기, 기물, 홀 집기, 앞치마, 전자레인지, 믹서기, 보온고 등	30	30	30	30	30	30
판촉 및 홍보	명함, 빌지패드, 라이터, 메뉴판, 전단지, OPEN현수막, 유니폼(홀, 주방), 오픈행사도우미 2명 외 등	250	250	250	250	250	250
본사지원품목	주류냉장고, 냉동고, 냉각기 및 주류비품 일체, 가스설비시공 (단, 도시가스 제외)						
창업자금지원	무이자, 무담보, 1,000만원부터 최고 5,000만원 까지 가능 (지역 상권, 평수에 따라 차이가 날 수 있음)						
합계		4,017	5,517	7,067	8,567	10,067	11,567

사업자등록증 발급을 위한 행정 절차
권리금 산정방식	① 신규 위생교육 ② 보건증 발급 ③ 영업신고증 신청 ④ 사업자등록증 신청 ⑤ 보험 가입

〈표 59〉 일반음식점과 휴게음식점 비교

일반음식점	휴게음식점
음식물의 조리 및 판매와 더불어 음주행위가 허용되는 호프집, 한식, 경양식 등	음식물의 조리 및 판매는 가능하나 음주행위가 허용되지 않는 커피숍, 빵집 등

〈표 60〉 일반과세와 간이과세 비교

구분	일반과세사업자	간이과세사업자
매출액	연간매출액 4,800만원 이상	연간매출액 4,800만원 미만
납부세율	공급가액의 10% 부가가치세로 납부	업종별 부가세율을 고려한 세율부과(공급가액의 1.5~4%)
세액공제	매입세액 전액	매입세액의 15~40%
세금계산서	세금계산서 발행과 매입의 의무	세금계산서 발행 불가
예정고지 여부	예정신고기간에 대해 예정신고 또는 예정고지에 의한 징수 원칙	예정신고 및 예정고지 없음
비고		과세기간 매출액이 1,200만원 미만인 경우 부가가치세 면제

〈표 61〉 주요 소셜커머스 사이트 및 연락처

소셜커머스 업체	도메인	연락처
쿠팡	www.coupang.com	1577-7011
티켓몬스터	www.ticketmonster.co.kr	1544-6240
위메이크 프라이스	www.wemakeprice.com	1588-4763
그루폰코리아	www.groupon.kr	1661-0600
지금샵	www.g-old.co.kr	070-4077-4770
슈팡	www.soopang.co.kr	1600-2375
소셜비	www.sociabee.co.kr	1588-5908
달인쿠폰	www.dalincoupon.com	1666-9845

〈표 62〉 온라인마케팅의 하나인 소셜미디어 활용

		블로그	SNS	위키	UCC	마이크로 블로그
사용목적		정보공유	관계형성, 엔터테이먼트	정보공유, 협업에 의한 지식 창조	엔터테이먼트	관계형성, 정보공유
주체:대상		1:N	1:1 1:N	N:N	1:N	1:1 1:N
사용환경	채널 다양성	인터넷 의존적	인터넷환경, 이동통신환경	인터넷 의존적	인터넷 의존적	인터넷환경, 이동통신환경
	즉시성	사후기록, 인터넷 연결시에만 정보 공유	사후기록, 현재시점 기록, 인터넷/이동 통신 연결 시 정보공유	사후기록, 인터넷 연결시 창작/공유	사후제작, 인터넷 연결시 콘텐츠 공유	실시간 기록, 인터넷/이동 통신 연결 시 정보공유

〈표 63〉 연간 판매촉진 전략

월별	행사	이벤트 기준 및 판촉활동
1	시무식, 신년회, 설날, 대입합격축하회	POP부착, 새해선물(식사권, 할인권 등)을 연하장에 넣어 DM발송, 내점고객 선물 증정(복주머니, 복조리 등)
2	입춘, 봄방학, 졸업식, 환송회	졸업축하 이벤트, 발렌타인데이 특별 디너세트 판매(꽃, 샴페인증정, 초콜릿), 봄맞이 환경처리 실시, 현수막 부착, DM발송(리스트 입수), 정월대보름 오곡밥 축제
3	입학식, 환영회, 대학개강 파티	입학식, 환영회(행사유치를 위한 사전 홍보활동 및 선물제공), 화이트데이 이벤트 실시, 봄 샐러드 축제와 꽃씨제공
4	봄나들이, 한식, 식목일	신 메뉴 개발, DM, 각종 차량에 안내장 부착
5	어린이 날, 어버이 날, 스승의 날, 성년의 날	어린이날 특선메뉴 및 기념품 제공, 가정의 달 효도대잔치(카네이션, 기념사진 등), 독거 소년·소녀와 노인 초청 행사, 서비스 콘테스트 실시, 광고 등
6	각종 체육회, 현충일	국가 유공자 가족 초대회(할인행사)

월별	행사	이벤트 기준 및 판촉활동
7	여름보너스, 휴가, 초중고 방학	DM, 여름철 특선 메뉴 실시(빙수, 생과일 쥬스, 호프, 야외 바베큐파티 등), 삼복더위 축제
8	여름휴가, 초중고 개학	한여름 더위를 식힐 화채 개발 시식 및 각종 우대권 제공
9	대학개학, 초가을레저, 추석	도시락 개발, 행락철에 T/O
10	운동회, 대학축제, 결혼러시, 단풍놀이 행락객	가을미각축제, 과일축제, 송이축제, 전어축제, DM발송
11	학생의 날, 취직, 승진축하	찜요리 축제, 입시생을 위한 특선메뉴(건강식), 송년회 및 회식안내(DM)
12	송년회, 겨울방학, 겨울레저, 첫눈	크리스마스카드 및 연하장 발송(할인권), 점내 POP부착
기타	단골고객의 날 이벤트 개최, 생일 축하, 월 시식일 등	고객관리, 선물 또는 무료 식사권 제공

일일 매출 규모별 적정 관리 내역

(1) 하루 매상 40만원-창업 실패한 업소

> 한 달 총매출 : 40만원 x 30일 = 1,200만원
>
> 재료비(30%~35% 안퐈) : 450만원 안퐈
>
> 임대료&공과금&인건비(35%~40% 안퐈) : 500만원 안퐈
>
> 순이익률(22%~30%) : 250만원 ~ 350만원(사장이 주방이나
>
> 매장일을 하는 상태)

(2) 하루 매상 60만원-평균 성적을 거둔 업소

> 한 달 총매출 : 60만원 x 30일 = 1,800만원
>
> 재료비(30%~35% 안퐈) : 600만원 안퐈
>
> 임대료&공과금&인건비(35%~40% 안퐈) : 700만원 안퐈
>
> 순이익률(23%~32%) : 400만원 안퐈(사장이 주방이나 매장
>
> 일을 절반 정도 하는 상태)

(3) 하루 매상 150만원-대박 아닌 중박을 이룬 업소

> 한 달 총매출 : 150만원 x 30일 = 4,500만원
>
> 재료비(30%~35% 안팎) : 1,600만원 안팎
>
> 임대료 & 공과금 & 인건비(35%~40% 안팎) : 1,700만원 안팎
>
> 순이익률(25%~33%) : 1,200만원 안팎

(4) 하루 매상 30만원~40만원 일 경우-폐업 갈림길의 음식점

> 말 그대로 입에 풀칠하고 있는 상황에서 사업을 접지도 못하는 상황인 음식점을 말한다. 수입이 적기 때문에 사장이 직접 주방일을 할 수밖에 없다. 인건비 지출을 줄여야 하므로 종업원은 1~2인만 고용할 수 있는 상태다. 종업원 1인 고용 시 매장을 전부 담당하지 못하므로 사장 부인이 주방일도 거들고 매장일도 거드는 상황이 된다. 이렇게 되면 부부가 힘들어 지게 되고, 부인의 바가지 지수는 높아지며 이때쯤 되면 음식점 장사에 대해 체념하게 된다.
>
> 이런 점포는 십중팔구 1년 안에 문을 닫게 되거나, 코가 꿰인 상태로 어쩌지도 못하고 사업을 하는 상태가 지속된다.

하루 평균 매상 30만원 이하이면 이건 동네에서 관심조차 받지 못하는 음식점이란 뜻이고, 맛없는 집이거나 망해가는 음식점이라는 뜻이다. 다시 말해 동네 손님은 없고, 아주 소수의 단골손님과 우연히 걸려든 뜨내기손님을 받는 업소이다.

5천만원 이하 소자본 창업을 하면서 준비를 제대로 하지 않으면 이런 일이 쉽게 발생한다. 가장 큰 이유는 업종 선택이 잘못되어서이거나, 맛이 없어서이다. 이런 경우 1일 매상 폭의 변동이 매우 심한데 이것은 고객들에게 안 가도 되는 음식점으로 각인됐다는 뜻이다. 창업 15일이 지나도 하루 평균 매상이 30만 원 이하이면 바로 업종 변경을 해야 한다. 만일 밥집이었다면 술을 취급할 수 있는 업종으로 변경을 시도하면 매상을 더 올릴 수 있다.

(5) 하루 매상 60만원 일 경우-생활 유지형 음식점

하루 매상 60만원이라면 월수입이 400~500만원 정도이므로 집에 생활비를 가져갈 수 있고 음식점 경영 목적으로 자동차를 자유롭게 운용할 수 있는 상태이다. 자동차는 더 싼 식재료를 사러 다니는 용도로 사용한다. 우리 주변에서 볼 수 있는 평범한 음식점들보다는 좋은 실적이므로 일단 '맛' 은 어느 정도 인정받은 집이라고 할 수 있다.

일을 할 때 가끔 자기 일이 행복하다는 생각이 들기도 하고 불행하다는 생각이 들기도 한다. 부부는 일심동체로 사업을 키우기 위해 더 열심히 노력하는 상태가 된다. 건물 임대료에 따라 다르겠지만 종업원은 1~2명 정도 고용할 수 있고 부부 중 한 사람이 주방을 맡아 인건비 부담을 줄일 수 있다.

그런데 이 경우가 가장 위험하다. 당장 먹고사는 방법이 마련되어 있으므로 가끔 행복지수가 올라가기는 하는데, 유명 맛집이 아닌 한 음식점의 매상은 세월이 흐를수록 떨어지기 마련이다. 예를 들어 옆집에 더 근사한 음식점이 들어오면 바로 타격이 온다는 뜻이다. 하지만 기존 단골이 있으므로 바로 매상이 떨어지지는 않고 2~5년 세월이 흘러가면서 아주 서서히 매상이 떨어진다. 어느 날은 매상이 90만원인데 어느 날은 매상이 20만원이 되기도 한다.

(6) 하루 매상 100만원일 경우-돈을 모을 수 있는 음식점

월 900만원 안팎의 수익이 발생하므로 몸은 고생해도 행복지수는 날로 높아진다. 월 순이익 1천만원 수준을 넘기면 이젠 자신의 음식점이 성공하였다고 자부하고, 자기는 가만히 있는데도 돈이 굴러들어온다고 착각한다. 이 상태이면 주방장과 종업원을 여러 명 고용한 뒤 부부는 놀러 다닐 수도 있는 상태가 되지만 돈 버는데 재미가 붙어 꼭 매장에 붙어 있으려고 한다. 이 경우 월수입을 전부 쓰지 말고 생활비를 제외한 나머지는 반드시 저축해야 한다. 저축한 금액은 몇 년 뒤 매장을 확장하거나 직영점을 내는 데 활용할 수 있다. 직영점 3개 정도 내면 더 바쁘게 살겠지만 최소한 돈 걱정은 안 하고 살 수 있을 것이다. 또한 천천히 프랜차이즈 사업을 시도할 수도 있다.

(7) 하루 매상 150만원일 경우-흔히 말하는 중박 음식점

하루 매상이 150만원인 점포는 흔히 말하는 중박 이상의 성공한 음식점들이다.

유명 햄버거 프랜차이즈 중에서 입지 조건이 나쁜 지방에 있는 점포인 경우 일매 110만원 정도를 찍는다. 대도시에서

지명도 낮은 지역에 있는 유명 햄버거 체인점들이 일매 130만원~180만원을 찍는다. 그리고 재래시장에서 볼 수 있는 시장 빵집 중 항상 손님이 바글바글대는 빵집이 일매 170만원을 찍는다.

30평 규모의 유명 한식 프랜차이즈 중에서 장사가 잘되는 점포가 일매 150만원 찍고, 장사가 잘되는 주점, 호프집, 고깃집, 일식집, 분식집이 일매 150만원을 찍는다.

(8) 하루 매상 200만 원-혼히 말하는 초대박 음식점

하루 매상 200만 원이면 객단가 7천 원 기준 1일 300인분을 판매하는 초대박 음식점이다. 월 1천 500만원~2천만원의 순수익이 발생한다. 물론 고기를 박리다매하는 주점이라면 이익률이 더 낮아질 것이다. 하루 200만 원 매출이 발생한다면 더할 나위 없이 좋은 시나리오이고 프랜차이즈 사업을 시도해도 성공할 확률이 높다. 또한 매출이 조금 떨어질 무렵이면 장사에 싫증날 수도 있는데 이때 권리금을 많이 받고 바로 팔아 버릴 수도 있다.

그런데 하루 매상 200만원 찍으려면 단골과 유동 인구가 중요하다. A급 상권에 입점한 유명 패스트푸드점, 외식업 체인점이 일매 200만원 이상 찍는다. A급 상권에서 장사가 잘 되는 고깃집, 한정식, 횟집, 주점, 퓨전음식점, 유명 한식체인 점, 일식집, 분식집이 일매 200만원 이상 찍는다. A급 상권 에 있는 퓨전포차도 히트치면 일매 200만원 이상 찍는다.

(9) 하루 매상 300만원 이상-맛집이거나, 유동 인구가 많거나, 매장 크기가 큰 음식점

유동 인구가 많은 오피스 밀집 지역은 20평 크기의 분식점 도 장사를 잘하면 일매 300만 원 이상 찍기도 한다. 또한 지 방의 전통적인 맛집이거나, 점포 크기가 상대적으로 큰 경우 다. 객단가가 높은 음식점이거나, 부촌에서 장사가 잘되는 음 식점이 이에 속한다.

A급 상권이거나 강남 부촌 등에서 장사가 잘되는 고깃집, 주점 등이 일매 300만원 이상 찍고, A급 상권으로 비즈니스 밀집 지역에서 장사가 잘되는 20평 크기의 분식점이 일매 3 00만 원 이상 찍는다. 대형 아파트단지에서 맛으로 유명한 개인 빵집도 일매 300만원 이상 찍는다.

갈비 숯불구이집이 부촌에서 초히트치면 일매 1,000만원을 찍는다. 바닷가의 유명 횟집이라면 일매 400만원 이상 찍는다. 더 유명하고 드라이브족이 많이 찾는 횟집이라면 일매 700만원을 찍기도 한다. 도시 외곽에 새로 음식점을 세웠는데 맛집으로 유명세를 타면서 손님들이 몰려온다면 일매 300만원 이상 찍고 업종에 따라 일매 500만원 찍는 집과 일매 700만원을 찍기도 한다.

(10) 하루 매상 1천만 원-기업형 음식점

유동 인구가 많은 곳에 위치한 유명 패밀리 레스토랑 가맹점들은 보통 일매 1천만원 이상을 찍는다. 유명 프랜차이즈의 본점은 대부분 대형이다. 이들 중 장사를 잘하는 본점들이 보통 일매 400만원, 500만원을 찍고, 일매 1천만 원 이상 찍는 본점도 있다. 보통 고깃집, 쌈밥집, 보쌈집, 오리요릿집처럼 객단가가 높은 업체들의 본점이 가능하다.

〈표 64〉 한식 갈비집의 초기 창업비용

품목	내용	금액
가맹비	·상표사용권 부여 및 지역 독점영업권 보장	·400만원 ※전략지역 할인이벤트 확인
교육비	·가맹점 운영 교육 및 매뉴얼 제공, 노하우 전수	600만원
물품 보증금	·본사 공급 원부자재에 대한 예치금(가맹계약 해지 시 반환)	~~400만원~~ → 200만원 ※200만원 할인행사
점포개발비	·나이스비즈맵과 SK텔레콤 상권분석 시스템	~~100만원~~ → 0원 ※100만원 할인행사
인테리어	·설계 및 3D 디자인/바닥타일 공사 ·목공사(자재/인건비/유리·금속 공사 ·전기, 조명공사/도장, 필름공사/사인물 일체	4200만원 ※33m² 당 140만원
홀/주방기물	·2인/4인 테이블, 단체석 일체 등	1500만원
간판	·외부 전면 잔넬 텍스트 간판 (4M) ·돌출 간판 및 사이드 간판	450만원
기기설비	·로스터(착화식), 삼중불판 ·냉장/냉동고, 간데기 etc, 육류냉장고 등 ·샐러드바, 아이스크림케이스, 식혜, 커피머신	2250만원
홍보/오픈지원	·웹카메라 1대/음향기기SET/홍보물 및 조형물 일체	50만원

〈표 65〉 외식업 초기 창업비용(단위 : 만 원)

구분	99.17m²	132.23m²	165.28m²	198.34m²	세부내역	비고
가맹비	800	800	800	800	상호·상표사용(브랜드가치) 등	소멸
교육비	200	200	200	200	메뉴·운영·서비스·식자재 교육	체류비 등 점주부담
인테리어	3900	5200	6500	7800	목공사, 설비, 방수공사, 천정, 전기 등	평당 130만 원
간판	500	600	700	750	전면LED간판, 돌출간판 등	그 외 별도
닥트	550	700	850	1000	외부 2층 기본, 내부 및 주방 닥트	3층 이상 별도
테이블·의자	400	520	640	760	홀 의·탁자	
테이블렌지	270	350	430	510	2구렌지	
주방기기·홀집기	2100	2700	3300	3900	식기세척기, 주방기기 등	주물불판은 본사 무료 대여
인쇄·홍보·소품	200	250	300	400	이벤트, 전단지, 추억의 소품 일체	
합계	8920	1억1320	1억3720	1억6120		

참고문헌

크리스천 투데이, 『지역 프랜차이즈의 돌풍, 소담애』. 2014.9.2.

뉴스웨이, 『족발 소자본 창업 아이템』. 2015.5.28.

디지털타임즈, 『늘어가는 족발 프랜차이즈』. 2016.5.3.

____________, 『족발 소자본 창업 아이템』. 2015.6.26.

박서연, 『신규 프랜차이즈 3선, 월간 창업 프랜차이즈』. 2014.2. 174-175

서울경제, 『족발,보쌈 프랜차이즈 핫이슈』. 2012.7.8.

세계일보, 『미쓰족발, 프랜차이즈 열풍』. 2014.11.7.

스포츠 조선, 『족발 창업과 체크포인트』. 2016.4.17.

시민 일보, 『2016 외식 창업트렌드』. 2015.12.15.

식품외식경제, 『원앤원 프랜차이즈』. 2015.3.16.

아시아 뉴스 통신, 『족발 소자본 창업 아이템』. 2015.7.13.

에너지 경제, 『주목 받는 아이템 족발』. 2016.5.24.

____________, 『첨단지구 깐깐한 족발』. 2016.6.21.

월간식당, 『원앤원 프랜차이즈』. 2015.3.2.

육주희, "성공레시피", 월간식당, 2014.06, 102-108

이내경, "더 맛 구이구이 쪽갈비", 월간식당, 2014.06,
　　　184-185

이뉴스 투데이, 『미쓰족발, 프랜차이즈 열풍』. 2015.2.4.

이정연, "한식 프랜차이즈". 월간식당 2014.08, 79-87

이용선. 박주영(2013), 『창업경영론』.(서울: 인플로우)

임나경, 『족발·보쌈 창업 전성시대, 월간 창업 프랜차이즈』. 2013.8.
    162-177.

창업 프랜차이즈, 『족발·보쌈 창업 아이템, 월간 창업 프랜차이즈』,
    2016.4., 224-225.

최영욱. 노상욱(2010), 『잘되는 이색 아이템』. (서울: ㈜새빛에듀넷)

최재봉(2007), 『성공하는 구이전문점 창업하기』.(서울: 크라운 출판사)

______(2010), 마케팅 무조건 따라하기』.(서울: ㈜크라운 출판사)

파이낸스 투데이, 『미쓰족발의 성공 전략』. 2015.1.18.

ebuzz, 『돈통 마늘 보쌈』. 2014.4.16.

etnew, 『미쓰족발의 성공 창업 지원』. 2015.6.9.

______, 『족발 프랜차이즈 소담애』. 2014.9.2.

MNB, 『족발 프랜차이즈 브랜드 선택, 소담애』. 2014.10.23.

SBS·CNBC, 『족발과 월날쌈의 색다른 만남』. 2016.6.9.

한눈에 읽는 외식창업 성공이야기 [시리즈 8]

지속성장 블루오션 족발·보쌈 전문점

발　행　일 : 2018年　6月 1日

저　　　　자 : 김 병 욱

발　행　처 : 킴스정보전략연구소

홈 페 이 지 : http://www.kimsinfo.co.kr

주　　　　소: 서울시 강동구 성내로8길 9-19
　　　　　　　(성내동 550-6) 유봉빌딩 301호
　　　　　　　(☎ 482-6374˜5, FAX : 482-6376)

출판등록번호 : 제17-310호(등록일: 2001.12.26)

인　　　쇄 : 으 뜸 사

I　S　B　N : 979-11-7012-131-2

※ 당 연구소에서 발간하는 도서구입, 도서발행, 연구위탁, 강의, 내용질의, 컨설팅, 자문 등에 대한 문의 ☎(02)482-6374.